Huck-Schade · Neue kreative Wege im Seminar

Konzept und Beratung der Reihe Beltz Weiterbildung:

Prof. Dr. *Karlheinz A. Geißler*, Schlechinger Weg 13, D-81669 München.
Prof. Dr. *Bernd Weidenmann*, Weidmoosweg 5, D-83626 Valley.

Johanna-Maria Huck-Schade

Neue kreative Wege im Seminar

Ein Methodenbuch für den ideenreichen Einsatz
von Materialien

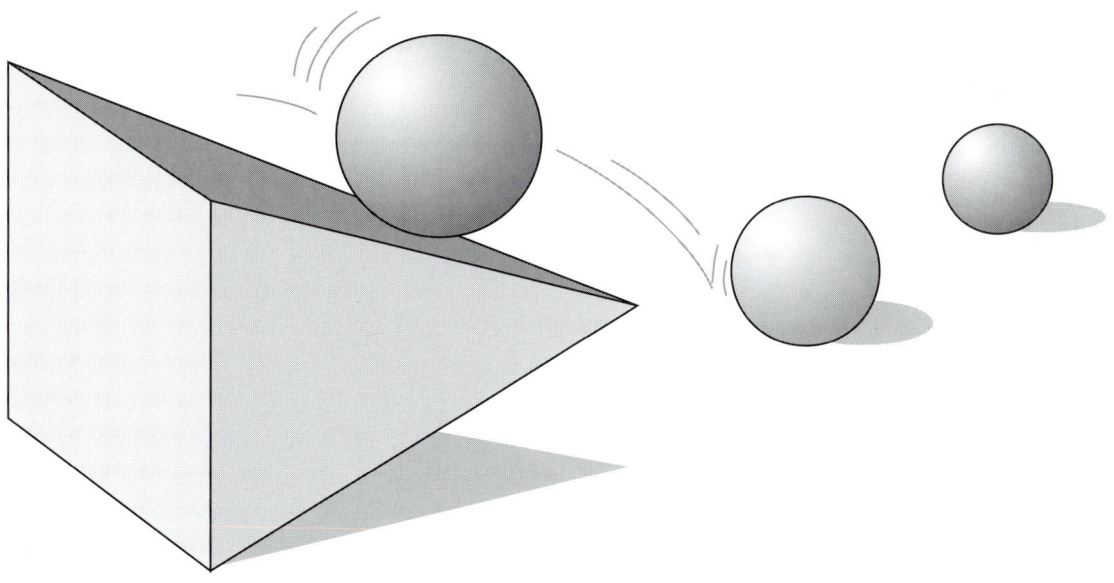

Beltz Verlag · Weinheim und Basel

Über die Autorin:

Johanna Maria Huck-Schade, Jahrgang 1945, Kunsttherapeutin, arbeitete viele Jahre als fest angestellte Trainerin im Finanzdienstleistungs- und Versicherungsbereich. Darüber hinaus ist sie Dozentin beim Bayerischen Volkshochschulverband. Als freiberufliche Trainerin entwickelt sie verstärkt die Integration von kreativen Materialien in Fachseminaren.

Besuchen Sie uns im Internet:
http://www.beltz.de

Gesetzt nach den neuen Rechtschreibregeln
Lektorat: Ingeborg Strobel

© 1999 Beltz Verlag · Weinheim und Basel
Herstellung: Klaus Kaltenberg
Satz: Satz- und Reprotechnik GmbH, Hemsbach
Druck: Druckhaus Beltz, Hemsbach
Umschlaggestaltung/Grafik Seite 3: Bernhard Zerwann, Bad Dürkheim
Zeichnungen auf den Seiten 23, 31, 39, 47, 65, 111, 131, 145, 169, 171, 173, 181:
Birgit Schneider, München
Printed in Germany

ISBN 3-407-36350-8

Inhaltsverzeichnis

Vorwort

»Neue kreative Wege im Seminar« ist ein Nachschlagwerk, ein Handbuch für alle in der Fortbildung Tätigen, die sich dafür interessieren, wie sie kreative Medien und Materialien in ihren Seminaren praktisch einsetzen können. Dabei ist es ganz egal, ob es sich um fachspezifisch-themenzentrierte Seminare handelt oder solche, in denen es um die Entwicklung der Persönlichkeit geht. Der Fokus dieses Buches liegt im unternehmerischen Trainingsbereich und deckt sich so mit einem meiner Erfahrungsschwerpunkte. Dennoch sind die Beispiele und Anregungen so ausgewählt, dass auch Lehrer, Kursleiter, Dozenten, Psychologen oder Sozialpädagogen von ihnen profitieren können. (Die Benutzung der männlichen Form in diesem Buch ist ein Zugeständnis an bessere Lesbarkeit, keine Hommage an männliche Überlegenheit. Leserinnen werden um Nachsicht gebeten.)

»Kreative Medien« sind Gestaltungstechniken wie Malen, Zeichen, Tonarbeiten etc., die in Form, zeitlicher Ausdehnung und thematischer Ausrichtung sehr flexibel handhabbar sind. Beispielsweise können Sie damit ein Seminar beginnen, auch wenn Sie im weiteren Verlauf mit ganz anderen Mitteln und Methoden arbeiten. Oder Sie schieben eine Übung dazwischen, um aufzulockern, das Thema zu erweitern und gleichzeitig zu fokussieren. Der kreative Einsatz der Materialien eignen sich ebenso gut dazu, mehrere Stunden, umfassende Seminartage oder auch ganz eigenständige Seminare zu konzipieren und durchzuführen. Die Möglichkeiten sind vielfältig.

Ziel ist stets, im schöpferischen Prozess die genaue Wahrnehmung des eigenen Vorgehens, Empfindens und Denkens zu üben, Blockaden und Kommunikationsbarrieren zu erfahren und zu erkennen sowie andere, auch bisher unbekannte Wege des Ausdrucks zu riskieren. Wie die Arbeit mit den Materialien vielfach gezeigt hat, verändern sich innerhalb der Gruppe die zwischenmenschlichen Kontakte und Dialoge deutlich und auf vielen Ebenen – emotional, atmosphärisch, persönlich, gruppendynamisch. Sie werden dichter, intensiver, direkter und lebendiger. Sie bieten so die Grundlage dafür, dass neue Aspekte für die Lösung persönlicher und beruflicher Fragen und Probleme hervortreten können.

Probleme lassen sich alleine mit Ratio und Logik häufig nicht lösen. Um stimmige Entscheidungen treffen zu können, bedarf es ebenso der Intuition und Kreativität – des ganzen Menschen eben. Leider wurden – und werden – diese Fähigkeiten in weiten Bereichen unserer Gesellschaft häufig vernachlässigt, unterschätzt und als »zu emotional« abgetan. Im schöpferischen Prozess können diese Ressourcen wieder hervorgeholt, aktiviert und neuen Lösungsfindungen dienbar gemacht werden.

An dem kreativen Prozess partizipieren die Teilnehmenden ebenso wie die Trainer. Letztere begleiten ihn. Das heißt, ihr Augenmerk und ihre Kompetenz ist darauf gerichtet, das *Wie* des jeweiligen Arbeitens und Vorgehens zu unterstützen und deutlich zu machen, ohne das *Was* – die jeweiligen Inhalte und Ergebnisse – zu beeinflussen, zu interpretieren oder zu beurteilen. So ist jede Gruppe, jedes Seminar auch für Trainer immer wieder neu und im einzelnen Verlauf nicht vorhersehbar. Dennoch müssen einige Voraussetzungen erfüllt, einige Rahmenbedingungen geklärt und geplant sein. Um diese Grundlagen soll es in diesem Buch gehen und darum, Wege aufzuzeigen, verschiedene Medien und Materialien kreativ mit unterschiedlichen Themen zu verbinden.

Die Konzentration liegt hier also auf der praktischen Anwendbarkeit. Da jeder Trainer seine Vorlieben für bestimmte Techniken hat – diese für sich herauszufinden, halte ich für unabdingbar, um sicher und erfolgreich arbeiten zu können –, orientiert sich dieses Buch an den gängigsten Medien. Sie bilden die grobe Gliederung und bieten damit die Stichworte, unter denen Aspekte zur Technik selber, zur Planung, Durchführung und zum Ablauf ebenso nachgeschlagen werden können wie diverse Themenbeispiele und Übungen.

Das Literaturangebot, das sich mit Theorien zur Kreativität und zum Einsatz von Materialien befasst, ist umfangreich – einige Hinweise für interessierte Leser befinden sich im Anhang. Für dieses Buch aber war es weder meine Absicht, eine weitere Zusammenfassung der bestehenden Ansätze zu liefern, noch diese umfassend zu würdigen und zu diskutieren. Ich möchte einleitend lediglich einige Gesichtspunkte erwähnen und zitieren, die mir persönlich wichtig waren, um den Ansatz meiner praktischen Arbeit mit kreativen Medien besser verstehen und einordnen zu können. Ich hoffe, damit auch im Sinne derjenigen Trainerkollegen zu handeln, die mir im Laufe der letzten Jahre häufig erzählten, durch Artikel und Bücher sei ihr Interesse an mehr Kreativität in ihren Seminaren geweckt worden. Was ihnen darin fehlte, waren konkrete Anleitungen und Hinweise für die praktische Umsetzung. Ich habe mich vor allem bemüht, diese Lücke zu schließen.

Danken möchte ich an dieser Stelle ganz besonders Mike Raine, meinem Lehrer, der viel zu früh verstorben ist.

Mein Dank gilt auch allen Freunden und Kollegen, die mich immer wieder fachlich unterstützt und motiviert haben. Martina Müksch danke ich für ihren Einsatz in der Anfangsphase, meine Ideen zu ordnen und die Struktur für das Buch zu entwickeln. Besonders erwähnen möchte ich Charlotte Niermann, ihre ausgezeichneten konstruktiven Vorschläge zum Inhalt und zum Stil bereicherten das Buch sehr. Mein Mann Reinhard Schade begleitete den Prozess des Schreibens in allen Höhen und Tiefen und korrigierte die zahlreichen Versionen des Manuskripts, danke.

Ebenso gilt mein Dank Ingeborg Strobel, die mich zu dem Buch ermunterte und mir über manche Blockaden hinweggeholfen hat.

Einführung

Der kreative Prozess

»Was ist eigentlich Kreativität?«, »Wo beginnt sie?«, »Kreativität ist heute doch ein emotionaler Luxus«, »Nur Künstler sind wirklich kreativ« – Kreativität ist ein beliebtes Diskussionsthema, in dem viel hin- und herspekuliert wird, Fragen und Behauptungen formuliert und Definitionen ausprobiert werden. Lexika sind darauf spezialisiert, einfache und kurze Antworten zu geben. In Meyers Lexikon (1981) ist zu lesen:

> »Kreativität ist die Fähigkeit, produktiv zu denken und die Ergebnisse dieses Denkens, vor allem originell neue Verarbeitung existierender Informationen, zu konkretisieren (etwa in Form einer Erfindung oder eines Kunstwerkes).«

Der amerikanische Wissenschaftler Drevdahl definiert Kreativität folgendermaßen:

> »Kreativität ist die Fähigkeit des Menschen, Denkergebnisse beliebiger Art hervorzubringen, die im Wesentlichen neu sind und demjenigen, der sie hervorgebracht hat, vorher unbekannt waren. Es kann sich dabei um Imagination oder um eine Gedankensynthese, die mehr als eine bloße Zusammenfassung ist, handeln. Kreativität kann die Bildung neuer Systeme involvieren sowie die Übertragung bekannter Beziehungen auf neue Situationen und die Bildung neuer Korrelate. Eine kreative Tätigkeit muss absichtlich und zielgerichtet sein, nicht nutzlos und fantastisch. Sie kann eine künstlerische, literarische oder wissenschaftliche Form annehmen oder durchführungstechnischer oder methodologischer Art sein.« (zitiert nach: Ulmann 1968, S. 68)

Kreativität ist eine menschliche Fähigkeit. Psychologen haben versucht, ihr spezielle Eigenschaften zuzuordnen, die die Persönlichkeitsstruktur einer kreativen Person kennzeichnen. Sie sind dabei auf Faktoren wie

Flexibilität, Intuition, Originalität, Experimentierfreudigkeit, Sensibilität, Neugier, Humor, Kombinationsgabe, Fantasie, Einfallsreichtum, Erfindungsgabe gestoßen – um nur einige der wichtigsten zu nennen.

In der psychologischen Literatur wird davon ausgegangen, dass in der Regel jeder Mensch bis zu einem gewissen Grad über sämtliche dieser Fähigkeiten oder Eigenschaften als Potenzial verfügt. Das bedeutet: Jeder ist in der Lage, kreative Akte hervorzubringen. Durch Gelegenheit, Übung und Kontinuität können diese auf- und ausgebaut werden, sie sind trainierbar (siehe Guilford 1990, S. 19). Voraussetzung ist allerdings – und das berührt insbesondere auch die hier vorgestellte Arbeit mit kreativen Medien –, dass der Einzelne diesen in ihm schlummernden Fähigkeiten gegenüber offen ist, sie neu entdecken möchte und sich auf den entstehenden schöpferischen Prozess vertrauensvoll einlässt. Konkret heißt das, dass er bereit sein muss, neue, ihm möglicherweise bis dahin unbekannte Techniken und Materialien auszuprobieren, sich von alten Vorlagen, Bildern, Traditionen, Werten und Anleitungen zu lösen, damit sich ein anderes, neues Gestalten entwickeln kann.

Was als Ergebnis herauskommt, ist, wie schon Drevdahl formulierte, neu und unbekannt. Meine Schlussfolgerung daraus ist: Nicht das Produkt selber steht im Vordergrund, sondern der Prozess, der es hervorgebracht hat. Der wiederum ist gebunden an die individuelle, kreative Person, die ihn bewegt und gestaltet, die experimentiert, assoziiert, spielerisch mit Ideen umgeht. Sich auf das einzulassen, was im Moment hervortritt, als Gefühl, Impuls, Gedanke deutlich wird, und dem zu folgen, bis es scheinbar von selbst Gestalt annimmt – das ist der kreative Prozess. Ihn als lebendige Entfaltung und Entwicklung der eigenen Potenziale wahrzunehmen im Vertrauen darauf, dass »das Richtige« dabei herauskommt, eröffnet neue Möglichkeiten. Von vornherein auf das Ergebnis, das Produkt fixiert zu sein, hemmt dagegen, denn die Vorstellungen, wie es ausfallen soll, kann nur auf der Basis der bereits bestehenden alten Werte, Bilder, Muster entstehen. Neue haben dann keine Chance.

Auf diese Weise mit kreativen Potenzialen und Ressourcen umzugehen, ist sicherlich nicht die einzige Möglichkeit. Andere bevorzugen es, stärker die Inhalte zu betonen, das Produkt, das Was. Ein derartiges Vorgehen erfordert relativ feste Regeln, Bestimmungen, die Vorgabe genauer Techniken und Methoden. Die Ergebnisse und Inhalte, um die es dabei in erster Linie geht, sind angreifbar, kritisierbar, interpretierbar.

Ich favorisiere in der Arbeit mit kreativen Medien den Ansatz, der sich auf den Prozess, das Wie des Vorgehens und Empfindens konzentriert. Dies aus folgenden Gründen: Seminare, besonders im unternehmerischen Bereich, sind in der Regel inhaltlich, rational betont. Sie dienen der Vermittlung von Wissen und/oder Haltung. Die Arbeit mit kreativen Materialien in der gleichen Weise auszurichten und zu strukturieren erscheint mit nicht sinnvoll, besteht doch gerade die Chance dieser eher unkonventionellen »Methode« darin, altbekannte, möglicherweise hemmende Denk- und Erlebnisprozesse kennen zu lernen und zu erfahren. Diese können dann – quasi spielerisch und experimentell – in neue und unbekannte transformiert werden.

Das Vorgehen, das ich anbiete, ist insofern außergewöhnlich, als dass sein Ziel darin besteht, Bewusstheit (umfassender trifft es der amerikanische Begriff: awareness) über sich und das Umfeld zu erlangen. Das spricht die ganze Person an, die in Kontakt tritt mit Materialien, Gedanken, Themen, Ängsten, Vermeidungen, Neugier, Spaß – gegenüber sich selbst und den anderen in der Gruppe. Im Prozess kreativen Arbeitens sich selber wach und aufmerksam in der Auseinandersetzung mit der Umwelt zu erfahren, wahrzunehmen, was ist (und nicht was sein würde, sein könnte, war, sein sollte), führt häufig zu einem Aha-Erlebnis bei den Beteiligten: Sie begreifen ganz unmittelbar neue sinnhafte Ganzheit. Das heißt: Sie erkennen Lösungen, Integrationsmöglichkeiten für Probleme, Blockaden, festgefahrene Gedanken etc. Die Arbeit mit kreativen Medien erweitert den individuellen wie den gruppendynamischen Hintergrund. Von dieser qualitativ neuen Basis aus kann im Seminar im umfassenden Sinne kreativ weitergearbeitet werden.

Der Trainer

Um es an dieser Stelle einmal mit Nachdruck zu betonen: Die kreative Arbeit mit Materialien darf nicht als Therapie verstanden werden! Es geht nicht darum, die Teilnehmer und ihr Leben zu verändern. Kreative Gestaltungstechniken stehen vielmehr im Dienst des jeweiligen Seminars, deren Teil und Ergänzungen sie sind. Gleichwohl erfordert ein außergewöhnliches-prozesshaftes Arbeiten, wie es hier vorgestellt wird, auch eine entsprechende Haltung des Trainers. In dieser Sequenz des Seminars sollte vor allem eines nie vergessen werden: Alles, was die

Teilnehmer im Umgang mit den Materialien machen, wie sie es tun, wird mit großem Respekt behandelt. Der einzelne Teilnehmer selber ist in diesem Prozess der Experte, nicht der Trainer. Dieser weist darauf hin, dass jede Folgerung, Interpretation, Intuition usw. die des jeweils Einzelnen, des Teilnehmers wie auch des Trainers ist. Es können dabei Gemeinsamkeiten festgestellt werden oder nicht. Das bedeutet, der Trainer versucht in keiner Weise, die Teilnehmer im Prozess zu manipulieren. Jeder Teilnehmer muss die Möglichkeit haben, eigenständig zu wählen, welche Bedeutung er seinem Vorgehen und seinem Produkt geben will. Er erfährt dadurch, die Verantwortung für sein Verhalten und seine Gefühle zu übernehmen. Der Trainer verhält sich, was das Einmischen anbelangt, weitgehend zurückhaltend. Er unterstützt lediglich. Er begleitet tritt in Kontakt ohne Erwartungen an bestimmte Inhalts- oder Richtungsziele. Denn es geht – um es zu wiederholen – in erster Linie darum zu erforschen und nicht darum zu verändern.

Der Trainer ist als Mensch präsent, offen und aufmerksam, baut eine vertrauensvolle Atmosphäre auf und ermutigt das beispiellose Experimentieren. Die Voraussetzung für diese Haltung ist ganz einfach: die Arbeit an sich selber, an dem eigenen Selbstverständnis, eine gründliche, praktische, gedankliche und emotionale Vorbereitung. Denn kreatives Arbeiten in diesem Sinne ist immer auch Dialog: Wer selber an unflexiblen Strukturen und Mustern festklebt, wenig experimentierfreudig und neugierig ist, wird auch die Teilnehmer kaum dazu animieren können, sich auf ein solch »riskantes« Unternehmen einzulassen.

Konkret sollten Trainer in der Phase kreativen Arbeitens Folgendes sein bzw. haben:

❖ **Frei vom Erfolgsdruck sein:** Wer primär den eigenen Erfolg im Auge hat, überträgt die damit einhergehende Versagensangst auf die Teilnehmer. Dies führt zu Spannung und Unsicherheit in der Gruppe. Wer als Trainer eher die Rolle einer Autoritätsperson übernahm, sollte sich aus dieser Rolle in der kreativen Sequenz zurückziehen und die eines Mitarbeiters, eines Wegbegleiters einnehmen.
❖ **Neugierig, interessiert, gespannt sein:** Die Neugierde darauf, was bei der kreativen Auseinandersetzung mit den Materialien herauskommt und wie die Sichtweisen der verschiedenen Einzel- und Gruppenarbeiten ausfallen, ist durchaus wichtig.
❖ **Vertrauen in die eigene Wahrnehmung haben.**

- ❖ **Kritisch und selbstkritisch sein:** Anleitungen, alte Vorlagen, Traditionen und Muster werde kritisch hinterfragt. Beispielsweise Äußerungen von Teilnehmern: »Das haben wir schon immer so gemacht!«, sollten mit Vorsicht aufgenommen werden.
- ❖ **Offen sein:** Neue Ideen, Wege, auch wenn sie zunächst abstrakt und unrealistisch erscheinen, sollten immer offen begrüßt werden.
- ❖ **Unterstützend sein:** Um Raum für außergewöhnliche Gestaltungsformen zur Verfügung zu stellen, müssen die Teilnehmer unterstützt werden.
- ❖ **Experimentierfreudig sein:** Um neue Techniken und unbekannte Materialien ausprobieren zu können, sollte immer wieder Neues getestet werden.
- ❖ **Flexibel auf Veränderungen reagieren:** Im kreativen Prozess ergeben sich immer wieder überraschende Änderungen, die flexibel gehandhabt werden müssen.

Und last but not least soll der Trainer größtmögliche Zurückhaltung hinsichtlich therapeutischer Interventionen üben! Trainer sind in der Regel keine Therapeuten. Das heißt, sie verfügen in den seltensten Fällen über therapeutische Ausbildungen. Diese Abstinenzregel schützt sie selber – und vor allem auch die Teilnehmer – vor unbewussten, unreflektierten und deshalb möglicherweise folgenschweren Projektionen. Auch wenn – oder gerade weil – mein eigener Erfahrungshintergrund unter anderem aus psychotherapeutischen Bereichen stammt, kann ich nicht genug warnen: Seminare sind keine therapeutischen Sitzungen, auch wenn die Grenzen manchmal fließend sind. Therapeutische Ratschläge, Interpretationen und Interventionen gehören hier nicht hin!

Kreativität im Unternehmen

»Große Business Leader haben oft mehr mit Künstlern, Wissenschaftlern und anderen Denkern gemeinsam als mit Managern«, behauptet zwar Abraham Zaleznik, Professor für Leadership an der Harvard Business School. Doch in den letzten Jahrzehnten fand Kreativität in den meisten wirtschaftlichen Bereichen keine Beachtung. Das betriebliche Vorschlagswesen, das in vielen Firmen eingeführt wurde, hatte eher eine Alibifunktion, als dass es sich um einen wirklichen »Kreativpool« handelte. In der Regel war Kostenersparnis das einzige Ziel, Routine herrschte vor. Viele Führungskräfte verbrachten ihre gesamte Berufslaufbahn bei einem Unternehmen und brauchten sich mit Veränderungen und den damit verbundenen Risiken nicht zu konfrontieren.

Diese vergleichsweise »gemütliche« Situation hat sich verändert. Der Innovationsrückstand zu den besten internationalen Wettbewerbern ist unmerklich verkürzt worden. In Zeiten der Rezession, der Arbeitslosigkeit und der Veränderung der Gesellschaft müssen neue, unübliche Wege beschritten werden, die zum gewünschten Erfolg führen. Im Rahmen der Debatte über Wettbewerbsfähigkeit und Standortsicherung erlebt der Begriff Kreativität gegenwärtig eine Renaissance.

Für die Zukunft, so die Union Leitender Angestellter, sind Unternehmerpersönlichkeiten gefragt mit Mut, Visionen und der nötigen Kreativität, um auf veränderte Märkte und Kunden zu reagieren. Gesucht sind team- und prozessorientierte Kräfte, die bereit sind, in dezentral geführten Organisationen Verantwortung zu übernehmen. Voraussetzung sind ein breites abteilungs- und branchenübergreifendes Wissen, Job-Rotation und internationale Erfahrungen, kreative Freiräume, Flexibilität, Eigeninitiative und Tatendrang (Korn/Ferry in WirtschaftsWoche 11/97).

Erwartet wird immer häufiger, dass Mitarbeiter eigenständige Entscheidungen treffen und diese vertreten. Kreativität und Originalität, Selbstvertrauen, konstruktives Kommunikations- und Kritikverhalten und Ähnliches mehr spielen bei der Personalauswahl eine herausragende Rolle. Innovationswille und Motivation zählen zu den entscheidendsten Erfolgsfaktoren, über die Mitarbeiter verfügen sollen.

In vielen Unternehmen wird heute überlegt, wie derartige Fähigkeiten, Ressourcen und Persönlichkeitsmerkmale der Mitarbeiter aktiviert und gefördert werden können. Es hat sich gezeigt, dass es für die Einzelnen nicht immer einfach ist, Althergebrachtes in Frage zu stellen, alte Muster aufzugeben und in neue Richtungen zu denken und zu handeln. Kreative Medien und Gestaltungstechniken bieten hier einen Weg, der sich in der Vergangenheit schon vielfach bewährt hat – in mehrfacher Hinsicht. Die pure Aufforderung: »Sei kreativ, sei konstruktiv, sei innovativ!«, ist absurd.

Wie alle potenziell vorhandenen menschlichen Fähigkeiten, müssen auch diese gelernt, erfahren und ausprobiert werden. Die Möglichkeit, dies zunächst in einem experimentellen, sicheren Rahmen zu versuchen, mindert die Hemmschwellen und Unsicherheiten, die häufig bei Mitarbeitern auftauchen, wenn sie damit konfrontiert werden, plötzlich »kreativ« sein zu sollen. Blockaden und Ängste – sich beispielsweise lächerlich zu machen – können in dem Prozess, der in der unmittelbaren Erfahrung im Umgang mit kreativen Medien entsteht, direkt erlebt, bearbeitet und abgebaut werden und machen so neuen Lösungswegen Platz.

Einsatz kreativer Medien im Seminar

Unter Medieneinsatz werden im Seminarwesen in der Regel technische Medien wie Videos, Lehrfilme, Dias, PC, Overhead-Folien, Tonkassetten etc. verstanden. Vorgefertigtes Material wird zur Unterstützung der Fortbildung eingesetzt und bietet eine gute Möglichkeit, Zusammenhänge bildlich darzustellen oder Methodenwechsel zu unterstützen. Diese Medien sind den meisten Teilnehmern bekannt und vertraut.

Anders ist es meistens mit den kreativen Medien, deren Informationen und Ergebnisse nicht fertig präsentiert werden und nicht passiv konsumierbar sind. Das Angebot, im Seminar selber zu malen oder zu zeichnen, aktiv Erfahrungen und Erkenntnisse zu sammeln, ruft zunächst häufig Erstaunen hervor und ist daher erklärungsbedürftig. Eine gründliche, sensible Einführung durch den Trainer ist daher wichtig und meistens unerlässlich.

Zu Beginn der kreativen Sequenz kann beispielsweise folgende Einführung gegeben werden: Das Arbeitsmaterial, Instrumente und Hände sind Medien der Auseinandersetzung mit sich selbst und der Umwelt. Im Vordergrund der Methode steht prozessorientiertes Experimentieren mit unterschiedlichen Materialien, die Zusammenführung von verschiedenen Techniken und das bewusste Wahrnehmen. Durch das kreative Arbeiten erfolgt eine nonverbale Auseinandersetzung mit Themen und Problemen.

Es passiert nichts, was die Teilnehmer nicht wollen. Aber es gibt die Möglichkeit, Gesetzmäßigkeiten und Grenzen anzuschauen und mit ihnen spielerisch zu experimentieren. Vielleicht eröffnen sich so, indem man einfach tut, neue Sichtweisen und neue Wege, mit Problemen, Themen, Lösungen umzugehen. Vielleicht erscheinen in dieser entspannten Atmosphäre alte Wunschträume, verschüttete Fähigkeiten, verrückte Ideen aus einer ganz neuen Perspektive.

Die verschiedenen Materialien – Farbe, Ton, Papier usw. – unterstützen diesen schöpferischen Prozess. In einfachen Übungen wird gezeigt, wie durch das Formen, Malen und Darstellen spontan etwas bewusst wird und schließlich zur Erkenntnis neuer Lösungsmöglichkeiten führen kann.

Dazu ein Beispiel aus der Praxis. »Zielsetzung« ist gerade in der Produktion ein wichtiges Thema. Mitarbeiter werden angehalten, höhere Jahresproduktionen zu erbringen. Auf vorgefertigten Papieren wird aufgelistet, mit welchen Mitteln, in welchen Zeiträumen sie dieses Ziel erreichen sollen – meiner Ansicht nach eine Alibiveranstaltung, durch die die Mitarbeiter weit davon entfernt sind, die Zielsetzung zu ihrer eigenen Sache zu machen. Ich habe das Thema in einer Collage aufarbeiten lassen. Die auf diese Weise selbst »kreierten« Zielsetzungen der Mitarbeiter fielen anders aus als die, die Ihnen zuvor schriftlich mitgeteilt worden waren. Das hieß nicht, dass sie – im Sinne des Unternehmens – schlechter waren, im Gegenteil, sie waren so gestaltet, dass sich die Mitarbeiter mit ihnen persönlich identifizieren konnten, sie als Teil ihrer eigenen Zielsetzung akzeptierten und damit ganz anders, stärker motiviert waren, sie auch erfolgreich umzusetzen.

Wenn ich ein Seminar leite, nehme ich mir viel Zeit, die Teilnehmer in einer ruhigen, spannungsfreien Atmosphäre auf das Thema der kreativen Sequenz einzustimmen. Sie zu plötzlich mit dieser für sie wahrscheinlich ungewohnten Methode zu konfrontieren würde nur Widerstände hervorrufen. Also: keinen Sprung ins kalte Wasser verlangen!

Verschiedene Einführungstechniken und -übungen sind hier hilfreich, zum Beispiel eine kurze Fantasiereise oder eine Kurzgeschichte und vieles mehr. Im Brainstorming lasse ich spontan Wörter nennen, die den Teilnehmern zum Thema einfallen, und auf Karten schreiben oder zeichnen.

Habe ich mich entschieden, das Seminar »kreativ« zu beginnen, muss ich damit rechnen, dass die Teilnehmer nach der Ankunft am Seminarort noch unruhig, vielleicht auch unsicher sind. Ich eröffne dann das Seminar mit einer kleinen Entspannungsübung oder Meditation.

Den Seminarraum habe ich schon für die Arbeit mit kreativen Medien vorbereitet. Das Material ist ausgelegt, die Musik abrufbereit. Wenn sich andere Seminarunterlagen im Raum befinden, werden sie weggeräumt.

Das Thema schreibe ich sichtbar an das Flipchart, damit es den Teilnehmern während der Arbeit nicht verloren geht, denn auch das kommt bisweilen vor.

Ich betone, dass Kritik während der Arbeit ausgeschlossen und auch anschließende Bewertungen, Interpretationen und Beurteilungen nicht vorgesehen sind, da es bei dieser Arbeit nicht in erster Linie um das Produkt geht, sondern um den kreativen Prozess jedes Einzelnen sowie der Gruppe. Ich weise darauf hin, dass es besser ist, ruhig zu arbeiten, und dass Gespräche den Prozess stören.

Viele Teilnehmer haben seit ihrer Schulzeit nicht mehr gemalt oder kreativ gestaltet, manche sind voreingenommen, andere durch Ängste blockiert, wieder andere vermeiden es, sich auf das Experiment einzulassen, indem sie anfangen, darüber zu reden, es zu problematisieren. Ich respektiere alle diese Reaktionen, ohne im Einzelnen auf sie einzugehen. Ich versuche auf keinen Fall, sie »wegzudiskutieren«. Aus einer Haltung einfühlsamer Akzeptanz heraus motiviere ich die Teilnehmer dazu, mit allen ihren vorhandenen Gefühlen und Gedanken das Neue doch einfach einmal auszuprobieren. In der Regel gelingt es so, auch zunächst noch große Skeptiker neugierig zu machen und zu aktivieren.

Sollten Einzelne sich dennoch weigern mitzumachen, biete ich ihnen an, den anderen erst einmal beobachtend zuzuschauen. Das Einverständnis der Gruppe dazu hole ich ein. Es ist ein Prinzip, niemanden zu überreden. Die Entscheidungen müssen von vornherein von jedem selber getroffen werden.

Vor allem Meditationen und Fantasiereisen wirken manchmal verunsichernd, wenn in diesem Bereich persönliche Erfahrungen fehlen. Wer sie nicht mitmachen will, kann den Raum verlassen. Ich lege dies sogar bisweilen nahe, da negative Einstellungen zu diesem Zeitpunkt die Harmonie der Gruppe empfindlich stören können. Doch wirkliche Probleme, die den kreativen Prozess torpedieren, sind dies nicht. Die Erfahrungen zeigen im Gegenteil, dass meistens die Teilnehmer, die sich anfangs besonders sperrten, schließlich diejenigen waren, die am intensivsten mitarbeiteten. Ganz selten steigt jemand ganz aus.

Ist der Prozess erst einmal angelaufen und die Gruppe setzt sich mit dem Thema gestaltend auseinander, ziehe ich mich zurück, bleibe im Hintergrund. Diskret und aufmerksam beobachte ich die Einzelnen und ihr

Agieren in der Gruppe. Ich sorge durch nonverbalen Kontakt dafür, dass der Prozess in Ruhe fließt. Wenn jemand Beistand benötigt, stehe ich unterstützend zur Verfügung. Unterstützung kann heißen, zum Experimentieren zu ermutigen, zum Beispiel darauf hinzuweisen, dass es auch noch andere als die bis dahin benutzten Materialien gibt, statt Pinsel vielleicht einmal einen Filzstift zu nehmen oder, wenn eine Tonarbeit zusammenfällt, Stützen aus anderer Beschaffenheit einzubauen. Um eine Idee zu verwirklichen, sind der Kreativität wenig Grenzen gesetzt.

Treten dennoch Blockaden auf und stockt der Prozess, rate ich, eine kleine Pause einzulegen, einfach den anderen – wenn es sie nicht stört – eine Weile zuzuschauen oder kurz den Raum zu verlassen. Eine gute Möglichkeit ist es auch, sich sein im Entstehen begriffenes Werk mit etwas Abstand oder aus einer anderen Perspektive zu betrachten, zum Beispiel kann man das Bild an die Pinwand hängen und sich ein Stück davon entfernen. Eine Teilnehmerin legte ihr Bild auf den Boden, stieg auf den Tisch und sah es sich aus der Vogelperspektive an. Häufig treten hierbei so etwas wie Aha-Erlebnisse auf, und die Betroffenen gestalten anschließend konzentriert und sehr begeistert weiter.

Sind Teilnehmer erheblich früher als die anderen mit ihrer Arbeit fertig, biete ich ihnen ergänzende Übungen an, die unter Umständen die Arbeit selber verlängern. Sind alle fertig, besteht die Möglichkeit, die Arbeiten auszustellen. Ich habe das vorbereitet: Pin- und Raumwände für die Bilder, Tische für die Objekte. Jeder Teilnehmer bzw. jede Gruppe platziert die eigene Arbeit selber, kann sie ebenso vor sich auf dem Tisch behalten. Wie zu Anfang vereinbart, sollen sowohl die eigenen als auch die Arbeiten der anderen nicht bewertet, interpretiert oder kritisiert werden.

Die Teilnehmer sollten sich zu ihren Arbeiten äußern – dieses ist kein Muss – nach bestimmten Regeln, deren Einhaltung mir sehr wichtig ist und die unter das Stichwort »Feedback« fallen: Jeder spricht nur von sich, in Ich-Form, von seinen Erfahrungen, Erlebnissen, Erkenntnissen, Empfindungen, die im Laufe der Arbeit aufgetaucht sind. Es ist ein gegenseitiges Sich-Mitteilen und Zuhören, kein sich gegenseitiges Kommentieren. Jeder spricht von sich, nicht über sich und nicht allgemein, sondern persönlich. Dies gilt auch, wenn Eindrücke und Empfindungen zu den Bildern, Objekten etc. anderer geäußert werden. Das heißt, Sätze, die mit »du hast«, du bist« oder »man macht«, »man ist« beginnen, sind nicht erlaubt. Ich bitte die Teilnehmer, sich auf Aussagen wie »Ich empfinde bei deinem Bild ...« zu beschränken.

Die auf diese Weise geäußerten Wahrnehmungen sprechen und gelten für sich. Sie werden nicht weiter verfolgt, ausgeweitet, diskutiert. Sie bilden den Abschluss der kreativen Sequenz des Seminars. So verläuft es in der Regel.

Aber es gibt Ausnahmen, und auch ihnen einen Platz einzuräumen ist kreative Möglichkeit und Kunst.

Ein Teilnehmer beschreibt mir sein Bild, als er es aufhängt. Er empfindet es selber als sehr klein und sehr ordentlich ausgefallen. Er vergleicht es mit den Bildern anderer Gruppenteilnehmer und wünscht sich, doch auch einmal großzügiger malen und sein zu können. Ich habe diesen Wunsch aufgegriffen – die Zeit ließ es zu, da die anderen noch nicht fertig waren – und ihn gefragt, ob es ihm jetzt Spaß machen würde auszuprobieren, wie es ist, großformatig zu malen. Er hat es getan und war froh über dieses Erlebnis. Auch die Gruppe war sehr aufmerksam und berichtete in der Feedbackrunde, dass es für sie ebenso eine wichtige Erfahrung gewesen sei.

Die oben vorgestellte Art von Feedback erfordert es, zwischen persönlicher Wahrnehmung, konkreter Beschreibung und Interpretation unterscheiden zu können, und fällt vielen spontan nicht leicht. Das gilt ebenso für Trainer. Sie müssen dabei einfühlsam vorgehen und selber klar sein. Es braucht einige Übung, Feedbackrunden anzuleiten, doch hilfreich ist es sicherlich immer, Fragen zu stellen und Anstöße zu geben: »Wie ging es Ihnen bei und mit dem Gestalten?«, »Was bedeutet diese Erfahrung für Sie?«

Ich habe daher verschiedenen Themenbeispielen Auswertungshilfen beigefügt, die als Vorlage dienen können, Fragen zu stellen. Häufig sind die Teilnehmer so voller neuer Erfahrungen und Ideen, dass sie kaum in ihrem Bedürfnis zu bremsen sind, alles zu erzählen. Doch es ist notwendig, sie für die Feedbackrunde auf das Wesentliche zu konzentrieren und ihnen eventuell anzubieten, nach dem Seminar oder nach einer Pause die Eindrücke weiter zu besprechen. Die kreative Arbeit im Seminar hat ohnehin meistens einen Prozess in Gang gesetzt, der mit dem Schluss des Seminars nicht beendet ist. Die meisten nehmen ihre Werke mit, viele hängen ihre Bilder und Collagen in ihren Büros auf.

Kreativitätsfördernde und -hemmende Faktoren

Abschließend möchte ich einige Aspekte auflisten, die erfahrungsgemäß Kreativität fördern bzw. hemmen. Sie sind eine Orientierung für die Kursgestaltung in der Erwachsenenbildung, gelten also auch für Seminare allgemein, für kreative Sequenzen, so meine ich, aber im Besonderen. Ihre formelle Aufzählung soll es erleichtern, sie für die Planung und Ausführung von Seminaren besser »im Hinterkopf« behalten oder schnell einmal nachlesen zu können. Für wichtig halte ich sie alle.

Kreativitätsfördernde Faktoren:

❖ **Freiräume,** die den Ausstieg aus dem Alltäglichen erlauben, also mit Ortswechsel und guter, freundlicher Atmosphäre verbunden sind.
❖ **Offenheit** als Haltung von Trainer und Teilnehmern, sodass auch Ungewohntes geschehen kann, Bewertungen aufgeschoben werden können, Experimentierfreude gefördert wird.
❖ **Problembewusstheit** im Sinne produktiver Unzufriedenheit, die es ermöglicht, nach neuen Lösungsmöglichkeiten für eine Aufgabenstellung zu suchen, indem zum Beispiel einem Gegenstand Eigenschaften zugeordnet werden, die auf den ersten Blick nicht zu ihm passen, oder indem das Gegenteil eines Dinges vorgestellt wird.
❖ **Assoziationsfreiheit,** die es erlaubt und fördert, Einfälle und Ideen zuzulassen, die an das gerade Gesehene, Gehörte, Erlebte direkt anknüpfen – »was einem so durch den Kopf geht«.
❖ **Experimentierfreude,** die Versuche fördert, aus gewohnten Denkmustern und Lösungswegen auszubrechen und es einmal ganz anders zu machen: Dinge und Gedanken, die aus bisher vertrauter Sicht nicht zusammengehören, werden zusammengeführt und bringen neue Ideen und Einfälle hervor.

Kreativitätshemmende Faktoren:

❖ **Konformitätsdruck,** das heißt die Erwartungen, dass alle Teilnehmer das Gleiche machen, in der gleichen Weise vorgehen sollen. Das schreibt starre Vorbilder, Schemata, Schablonen, Seh- und Hörgewohnheiten fest, statt freies Erfinden zu fördern und Individualität zu unterstützen.
❖ **Autoritätsfurcht,** sei es gegenüber dem Trainer, sei es gegenüber den anderen Teilnehmern, die alles besser wissen, können und machen.

- **Bewertungen** bzw. Angst: Dies führt dazu, sich selber einzuschränken. Das was gemacht wird, soll »gut« sein, denn es soll den anderen gefallen. Ungewöhnliches, Neues hat wenig Chancen, ausgeführt zu werden, selbst wenn es als Einfall vorhanden ist. Auf »Nummer sicher gehen« wird dann bevorzugt. Hierbei kooperieren sicherlich eigene Leistungsbereitschaft und von außen gesetzter Leistungsdruck. Letzterer kann im Seminar verringert bis ausgeschaltet werden.

- **Informationssperren** wie »Das brauchen Sie jetzt noch nicht zu wissen« oder »Das ist jetzt nicht wichtig«, die von Seiten der Trainer auf Teilnehmerfragen erfolgen, sind absolut hinderlich. Mit ihnen werden – oft zu Gunsten des Gleichschritts im Seminar – Lernbereitschaft und Engagement abgewürgt, ein möglicherweise fruchtbarer Seitenweg zur eigenen Kreativität abgeschnitten.

- **Hindernisse gegenüber dem Ungewohnten,** die sich zum Beispiel dadurch äußern, dass Teilnehmer abblocken, sich weigern oder ironisch werden. Sie begründen ihre Hindernisse häufig technisch – in praktischen Seminaren – und/oder aus der Erfahrung. Trainer, denen dies häufig mit Teilnehmern passiert, sollten sich vielleicht überlegen, ob sie nicht die Funktion eines Spiegels haben: ob sie nicht selber unbewusst blockieren, es sich wenig erlauben möchten, neue Erfahrungen zu machen.

- **Persönliche Hemmnisse,** die nach außen ganz unterschiedliche Erscheinungsbilder haben können: Zum Beispiel gelingt es manchen Teilnehmern schlecht, sich von ihren Alltagsgefühlen und -gedanken zu lösen. Sie fühlen oder zeigen sich körperlich oder seelisch erschöpft, unlustig, starr oder bequem. Persönliche Hemmungen können ihre Gründe in beruflichen und außerberuflichen Problemen und Konflikten haben, die so im Vordergrund stehen, dass sie alles andere überdecken. Sie können auf reale Lerndefizite hinweisen, sodass die Teilnehmer tatsächlich die ihnen gestellten Aufgaben nicht erfüllen können. Sie können auch unbewusst der Vermeidung dienen und damit eher in Richtung Hemmnisse gegenüber Ungewohntem weisen. Es ist ratsam, hier differenziert und behutsam hinzuschauen, um die Teilnehmer einerseits nicht zu überfordern und zu verletzen, sie andererseits nicht zu unterfordern und zu langweilen.

- **Geschlechterrollen** wirken dann hemmend, wenn Teilnehmerinnen und Teilnehmer in vorgezogenen Bewertungen auf »typisch Mann« oder »typisch Frau« festgelegt werden.

Die kreativen Medien und Materialien

Nachdem in der Einführung die theoretischen Hintergründe behandelt worden sind, folgt nun die praktische Umsetzung im Training. Alle folgenden Kapitel haben einen systematischen Aufbau und sind in sich abgeschlossen. Es ist ratsam, vor der Beschäftigung mit einem Kapitel dieses ganz zu lesen, um dann das für das geplante Seminar geeignete Beispiel auszuwählen. Die Themenbeispiele sind vom Einfachen zum Schwierigen aufsteigend. Ich wünsche dem Leser viel Erfolg bei der Umsetzung.

Zeichnen

Kurzer Geschichtsüberblick

Zeichnen ist die primitivste Ausdrucksform künstlerischen Schaffens. In der Natur sind nur farbige Flächen sichtbar, keine Linien. Somit ist die Linie immer eine Abstraktion. Frühe Beispiele sind die Felsenzeichnungen der Steinzeit.

Im Mittelalter besitzt die Zeichnung (außer der Buchillustration) keinen Eigenwert. Erst im 14. Jahrhundert, mit der Herstellung des Papiers, beginnen die Künstler, zum Beispiel später auch Leonardo da Vinci, mit der Zeichnung der Natur und Bildentwürfen (Skizzen). Man arbeitet mit dem Silberstift, und Feder und Tusche, Blei, Kohle, Rötel und Federn aus Gänsekiel und Schilfrohr.

Mit dem 20. Jahrhundert ändert sich die Kunstszene: van Gogh und Cezanne demonstrieren mit ihren Zeichnungen den Einsatz von Punkt, Linie und Fläche. Hierdurch werden die Maler der Künstlervereinigung »Die Brücke« und »Die Blauen Reiter« zum Experimentieren angeregt. Es eröffnen sich völlig neue Gestaltungswege. Einen revolutionären Umgang mit anderen Motiven zeigen auch die Meister der Moderne: Picasso und Braque führten die Zeichnung unter dem Einfluss der Naturvölker zurück auf das Wesentliche in die Abstraktion.

Beschreibung der Technik

Beim Zeichnen steht die Linie im Vordergrund. Sie ist die Spur eines bewegten Punktes. Wir finden in unserer Umwelt viele sichtbare und verborgene Linien. Sie bilden helle und dunkle Flächen. Farbwerte werden in Tonwerte umgesetzt und können somit verschiedene Stimmungen hervorrufen. Um verschiedene Ausdrucksmöglichkeiten zu erreichen, können die unterschiedlichsten Zeichenmaterialien (siehe oben) verwendet werden. Bereits die Expressionisten haben erkannt, dass sich durch die Ausdruckskraft der Linie Gefühlszustände offenbaren. Sie lebt wie eine Handschrift. Es ist bekannt, dass eine mit Lineal gezogene Linie ausdruckslos ist, sie lebt nicht. Hier muss unterschieden werden zwischen der genauen technischen und der künstlerischen Zeichnung.

Zielsetzung

Es geht hier nicht um die schöne Zeichnung, sondern um die Ausdruckskraft der Linie. Mit dieser Technik soll die Wahrnehmung geschärft werden und Raum zum Assoziieren und Fantasieren gegeben werden. Mit Stift und Papier können jederzeit spontan Übungen im Seminar eingesetzt werden zum Beispiel zur Entspannung.

Einzel-, Paar- und Gruppenarbeit

Besonders bei den Gruppen- und Paararbeiten wird die Kommunikation spielerisch in der Vordergrund gesetzt und die Selbst- und Fremdwahrnehmung hinterfragt.

Erfahrungen mit dem Einsatz dieser Technik

Da der Umgang mit dem Stift in der Regel jedem Teilnehmer vertraut ist, ist das Zeichnen am einfachsten in Seminaren einzusetzen. Aus diesem Grund ist diese Technik jedem Trainer zu empfehlen, der den Einsatz von kreativen Medien im Seminar zum ersten Mal ausprobieren möchte.

Zeichnen: Vorbereitung und Planung

Generell können folgende Anhaltspunkte gegeben werden:

Dauer

Das Arbeiten mit dem Stift auf Papier ist nicht zeitaufwändig, da die Teilnehmer in der Regel beides zur Verfügung haben. Je nach Thema kann man die Zeichnung über einen Zeitraum von einer halben bis zu vier Stunden im Seminarablauf einplanen oder spontan einsetzen.

Gruppengröße

Für die Übungen hat sich eine Größe von 14–16 Personen bewährt.

Seminarraum

An den Seminarraum werden keine besonderen Anforderungen gestellt. Für Gruppenarbeiten sollten gegebenenfalls Nebenräume zur Verfügung stehen. Ein Kassettenrecorder/CD-Player sollte für die Musik einsatzbereit sein. Denn Musik unterstützt den kreativen Prozess.

Material

❖ Bunte Filzstifte, alternativ: Bleistifte, Kugelschreiber, Wachsmalkreide, dicke Buntstifte, Kohle. Besonders bei längeren Arbeiten ist es wünschenswert, Wachsmalkreide oder dicke Buntstifte einzusetzen, da verschiedene Strichvariationen, von der Linie zur Schraffur, möglich sind und sie ein besseres Arbeiten auf großen Formaten ermöglichen.
❖ Papier DIN A3 oder 4. Bewährt haben sich Zeichenblöcke in diesen beiden Größen.
❖ Packpapier für Gruppenarbeiten.
❖ Tesakrepp: 3 cm breit für das Aufhängen der Zeichnungen.
❖ Arbeitsblätter, sofern im Themenbeispiel vorgesehen.

Ablauf

Damit ein lebendiger Prozess entsteht, ist durch den Trainer unbedingt eine sensible Ein- und Hinführung zum Thema erforderlich. Das kann durch ein kurzes Plenumgespräch, Brainstorming oder einer Fantasiereise geschehen. Das Thema wird sichtbar an das Flipchart geschrieben.

Ich lege Wert darauf, dass während des Arbeitsprozesses Ruhe im Raum herrscht. In Absprache mit den Teilnehmern spielt im Hintergrund leise Entspannungsmusik. Die zur Verfügung stehende Zeit gebe ich vorher bekannt. Für mich ist es auch wichtig, den Teilnehmern bereits zu Beginn zu sagen, was mit ihren fertigen Bildern passiert. Sie müssen auch wissen, dass es keine Interpretationen und Beurteilungen der Arbeiten gibt und geben darf!

Es muss nicht »schön« gezeichnet werden. Der Stift ist »nur« Mittel zum Zweck, das heißt für den Dialog, zum Fantasieren und zur Wahrnehmung. Der Prozess steht im Vordergrund, nicht die Zeichnung.

Ein leiser Hinweis auf das bevorstehende Ende ist besonders bei Meditations- und Entspannungsübungen angebracht.

Im Abschlussplenum besteht für die Teilnehmer die Möglichkeit, über den Arbeitsprozess zu berichten. Ich vermeide jede Interpretation und versuche, sie auch von den anderen Teilnehmern auszuschließen!

Die Teilnehmer können ihre Zeichnungen mit nach Hause nehmen, um sie gegebenenfalls im Familien-/Freundeskreis zu zeigen. Bei Gemeinschaftsarbeiten entscheidet die Gruppe, was mit der Zeichnung geschehen soll.

Ergänzende Übungen

Es ist ratsam, für Teilnehmer, die früher mit ihrer Zeichnung fertig sind, ergänzende Übungen bereit zu haben.

Varianten

Für einige Übungen habe ich Varianten zu den Themenbeispielen vorgeschlagen.

Allgemeine Anmerkungen

- ❖ Protokollführung: Bei einigen Übungen empfiehlt es sich, Teilnehmer mit der Protokollführung zu beauftragen. Ihre Beobachtungen ergänzen die Abschlussbesprechung. Ich habe dies bei den jeweiligen Übungen vermerkt.
- ❖ Auswertungshilfen: Um eine gezieltere Abschlussbesprechung zu erreichen, werden zur Unterstützung bei verschiedenen Übungen Auswertungshilfen gegeben.
- ❖ Literatur: Literaturhinweise befinden sich im Anhang.
- ❖ Erfahrungen: Bei der Seminareinladung bitte ich die Teilnehmer oft, das erforderliche Material selber mitzubringen. Dieses schließt jedoch nicht aus, dass ich genügend Stifte, Papier usw. dabei habe.
- ❖ Beispielsituationen: Einige Übungen werden durch Situationen aus meinem Seminaralltag ergänzt.

Es folgen nun Themenbeispiele.

Bilddiktat

Dauer	30 Minuten sollten auf jeden Fall eingeplant werden.
Ziel	Entspannung, Warming-up, Schärfung der Wahrnehmung, Anregung der Fantasie.
Beteiligte	Die Gesamtgruppe umfasst etwa 15 Personen. Die Übung selbst wird als Einzelarbeit ausgeführt.

Material

- ❖ Papier DIN A4
- ❖ farbige Filzstifte

Durchführung

Die Teilnehmer erhalten Papier und Stifte und zeichnen auf ihr Papier, was der Trainer diktiert:

»Zeichnen Sie
- einen Kreis,
- eine senkrechte Linie,
- einen Punkt,
- ein Dreieck,
- eine diagonale Linie,
- eine waagerechte Linie.«

Das Wo und Wie auf dem Papier spielt keine Rolle. Aus den gezeichneten Formen und Linien wird ein Bild gezeichnet.

Diese Übung soll Spaß machen und Entspannen, um den Kopf frei zu bekommen für das ganze Seminar oder ein neues Seminarthema.

Anmerkungen

Einen kleinen Tipp möchte ich nun anfügen: Die Teilnehmer können diese Übung auch mit ihren Kugelschreibern oder Bleistiften zeichnen. Das bedeutet: Sie können diese Übung auch spontan durchführen. Beispielsweise wenn Sie merken, dass die Gruppe unaufmerksam wird. Oder wenn Sie aus der Entspannung Spannung für ein neues Seminarthema aufbauen möchten.

Kritzelbild

Dauer	Planen Sie etwa 30 Minuten ein.
Ziel	Entspannung, Stressabbau, Warming-up, Schärfung der Wahrnehmung, Anregung der Fantasie.
Beteiligte	Die Gesamtgruppe umfasst etwa 15 Personen. Die Übung selbst wird als Einzelarbeit ausgeführt.
Material	❖ Papier DIN A4 ❖ farbige Filzstifte

Durchführung

Die Teilnehmer zeichnen auf ihrem Papier Schwingungen, wie sie aus der Hand kommen, möglichst ohne den Stift abzusetzen. Nach ein paar Minuten wird das Ende vom Trainer signalisiert. Die Teilnehmer lassen sich jetzt von ihrem »Kritzelbild« inspirieren und suchen Felder und Formen, die sie an etwas erinnern, und malen diese aus. Das können mehrere kleine Bilder sein, die zum Beispiel miteinander korrespondieren, aber es kann auch ein großer Ausschnitt sein.

Diese Übung soll Spaß machen und Entspannen. Der Kopf soll frei werden zum Beispiel für ein neues Seminarthema.

Ergänzende Übung

Auf einem zweiten Blatt können die Teilnehmer die Übung mit beiden Händen gleichzeitig zeichnen.

Anmerkungen

Aus eigener Erfahrung weiß ich, dass sich viele Teilnehmer beim Fantasieren an Wolkenbilder erinnern: Figuren, die man in den Wolken sieht, wenn man am Strand liegt. Dabei entsteht meist eine meditative Stimmung.

Diese Übung eignet sich auch, wenn Spannungen in der Gruppe sind. Ich bitte dann die Teilnehmer, über ihre Bilder im Plenum zu sprechen, zum Beispiel »Wie ging es Ihnen beim Zeichnen?« Dadurch kann Stress, der sich unter Umständen in einer Gruppe aufgebaut hat, abgebaut werden.

Zeichnen mit beiden Händen

Dauer   Etwa 30 Minuten.

Ziel   Meditation, Stressabbau, Selbstwahrnehmung.

Beteiligte   Die Gesamtgruppe umfasst etwa 15 Personen. Die Übung selbst wird als Einzelarbeit ausgeführt.

Material
* Papier DIN A3
* farbige Filzstifte, noch besser sind farbige Wachsblöcke oder Buntstifte

Durchführung

Die Teilnehmer suchen sich je zwei Stifte aus, einen für die rechte, einen für die linke Hand. Die Farbe der Stifte sollte bewusst gewählt werden. Gut ist es, wenn der Stift vorher ausprobiert wird, um zu sehen, ob es die richtige Farbe ist und der Stift sich gut führen lässt. Jeder sitzt vor seinem Blatt, die Stifte in den Händen. Es herrscht Ruhe. Die Augen können geschlossen werden. Die Konzentration wird auf die beiden Farben gerichtet. So nehmen die Teilnehmer die Farben in ihre innere Bildwelt auf, nehmen sie wahr und lassen geschehen, was die Farben mit ihnen machen.

Nach einer Minute werden sie aufgefordert, ihre Augen zu öffnen. Schweigend zeichnen sie mit beiden Händen abwechselnd oder gleichzeitig, wie es sich ergibt. Die Farben begegnen sich über die Hände, und es wird einfach nur wahrgenommen, was beim Zeichnen geschieht.

Im Plenum wird über das Erlebte berichtet, hierzu hält jeder sein Blatt vor sich, damit es alle Teilnehmer sehen können.

Varianten

Interessant ist es, diese Übung so zu verändern, dass die Teilnehmer nach unterschiedlichen Musikstücken, zum Beispiel Pop, Märsche, Walzer, mit beiden Händen zeichnen.

In einer weiteren Variante legen die Teilnehmer das Papier im Hochformat vor sich. Stehend zeichnen sie mit beiden Händen ovale und runde Formen, ohne den Stift abzusetzen. Dabei wird der ganze Körper eingesetzt und der eigene Rhythmus erspürt. Zwischendurch kann der Trainer einen Richtungswechsel ansagen.

Anmerkungen Als Auswertungshilfen biete ich Ihnen folgende Fragen an:

❖ Wie bewegten sich die Hände, gleichzeitig oder abwechselnd?
❖ Wie verhielten sich die Farben zueinander, war eine aktiver?
❖ Was wird an den anderen Zeichnungen festgestellt, waren Unterschiede oder Ähnlichkeiten da?

Ich habe die Erfahrung gemacht, dass die Teilnehmer, wenn ich nicht nachgefragt habe, im Plenum berichten, wie ihnen die Übung Spaß gemacht hat, das Seminar aufgelockert hat usw. Die Fragen sollen den Teilnehmern helfen, ihre Selbstwahrnehmung verbal zu formulieren, damit ihnen bewusst wird, was sie beim Zeichnen erlebt haben.

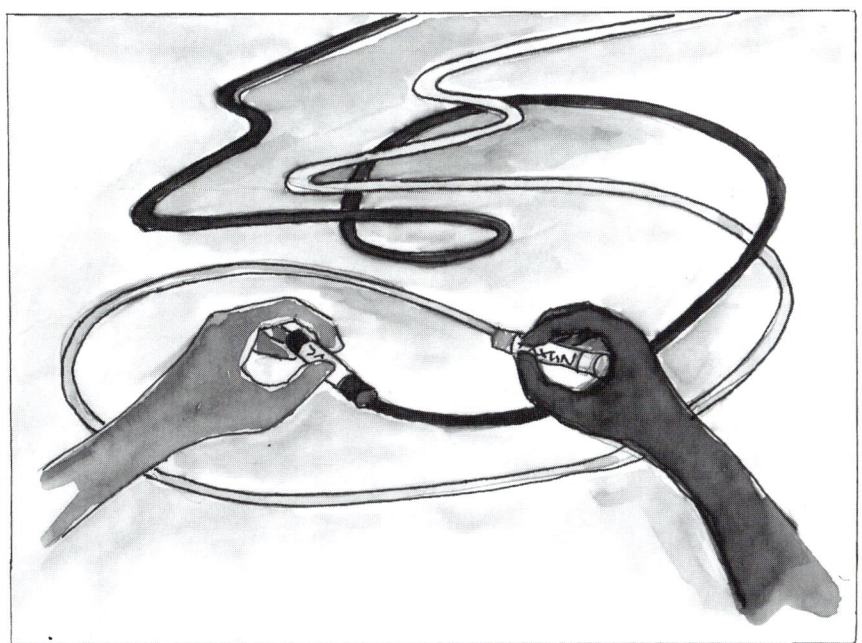

Kreise

Dauer   Für diese kurze Übung werden höchstens 30 Minuten benötigt.

Ziel   Entspannung.

Beteiligte   Die Gruppengröße spielt keine Rolle. Die Übung selbst wird als Einzelarbeit ausgeführt.

Material
❖ Papier DIN A4
❖ Bleistifte, Kugelschreiber, Füller

Durchführung   Die Teilnehmer zeichnen auf ihr Papier verteilt Kreise möglichst in gleicher Größe. Beim Entstehen der Zeichnung lassen sie sich anregen für das Weitergestalten, zum Beispiel das Verdichten der Kreise, Verbinden mit Linien. Die Musik im Hintergrund dient zur Inspiration.

Ein kurzer Erfahrungsaustausch beendet diese Entspannung.

Beispielskizze

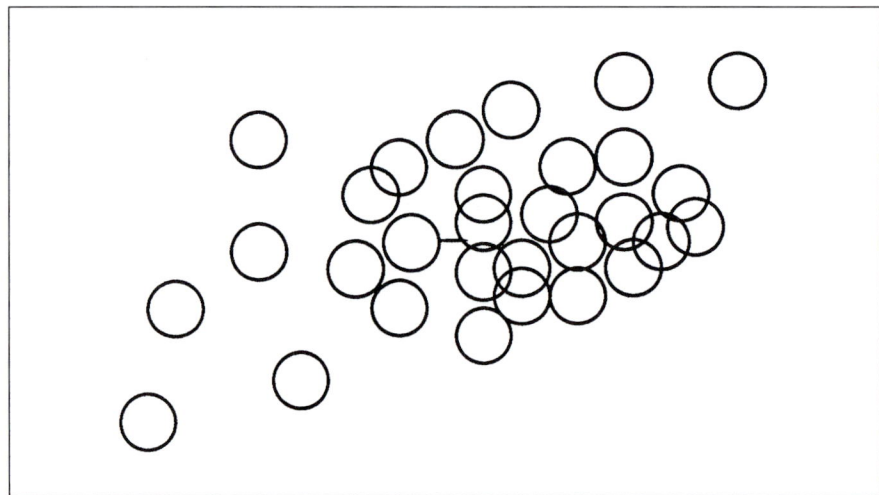

Die Linie

Dauer	Etwa eine halbe Stunde.
Ziel	Entspannung, nonverbale Kommunikation, Warming-up.
Beteiligte	Für diese Gemeinschaftsarbeit sollte die Gruppe nicht mehr als 15 Personen umfassen.

Material

❖ Papier DIN A3 oder DIN A4
❖ farbige Filzschreiber
❖ Tesakrepp

Durchführung

Jeder Teilnehmer erhält einen Bogen Papier und einen Filzschreiber. Auf die Rückseite wird der Name geschrieben. Es wird nicht mehr miteinander gesprochen. Jeder malt auf sein Papier nur eine Linie. Wenn alle mit ihrer Linie fertig sind, werden die Blätter im Uhrzeigersinn an den nächsten Nachbarn weitergegeben. Dieser malt eine weitere Linie auf das vor ihm liegende Blatt und so weiter, bis die Blätter einmal die Runde gemacht haben. Wenn jeder sein Anfangsblatt wieder vor sich hat, vervollständigt er die Zeichnung mit einer weiteren Linie. Für sein Blatt überlegt sich jeder Teilnehmer einen Titel, mit dem es versehen wird.

Alle Blätter werden aufgehängt, und im Plenum werden anschließend die Erfahrungen ausgetauscht.

Variante

Hat die Gruppe lange gesessen, machen nicht die Blätter die Runde, sondern die Teilnehmer. Sie werden gebeten, ohne zu reden, aufzustehen, die Blätter bleiben liegen, jeder geht zum nächsten Nachbarn und zeichnet eine weitere Linie auf das jeweilige Blatt, bis jeder wieder an seinem Platz ist. Für sein Blatt überlegt sich jeder einen Titel.

Etwas taucht auf

Dauer Ein bis zwei Stunden.

Ziel Entspannung, Stressabbau, Schärfung der Wahrnehmung, Anregung der Fantasie.

Beteiligte Die Gesamtgruppe umfasst etwa 15 Teilnehmer. Die Übung selbst wird als Einzelarbeit ausgeführt.

Material
  ❖ Papier DIN A4
  ❖ farbige Stifte
  ❖ ein Arbeitsblatt für jeden Teilnehmer (s. Anhang Seite 187)

Durchführung Die Teilnehmer nehmen je drei verschiedenfarbige Stifte, die ihrer Meinung nach zusammenpassen, dazu bekommt jeder einen Bogen Papier. Aus den folgenden Formen sucht sich jeder ein Beispiel aus:

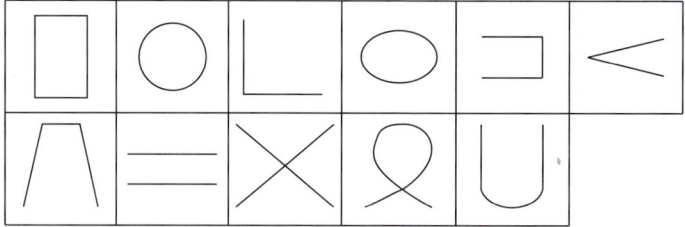

Die ausgesuchte Form wird auf verschiedene Art aufs Papier gezeichnet. Das heißt: in vielfältigen Größen, mit unterschiedlichen Farben, Überschneidungen und verschiedenen Richtungen. Die Arbeit soll locker von der Hand gehen und Spaß machen. Die Teilnehmer werden nach einiger Zeit in ihren Zeichnungen Gebilde erkennen. Der Fantasie sind hierbei keine Grenzen gesetzt. Wenn das Gebilde genauere Formen annimmt, kann jeder Teilnehmer diese ohne Vorgaben mit den verschiedenen Farben, die er gewählt hat, herausarbeiten.

Im Plenum wird über das Erlebte berichtet, hierzu hält jeder sein Blatt vor sich, damit es alle Teilnehmer sehen können.

Ergänzende Übung

Als ergänzende Übung nehmen die Teilnehmer einen neuen Papierbogen und wiederholen diese Übung mit einer gegensätzlichen Form: War die erste Form rund, sollte die neue Form eckig sein. Der Ablauf erfolgt wie bereits oben beschrieben.

Beispiel

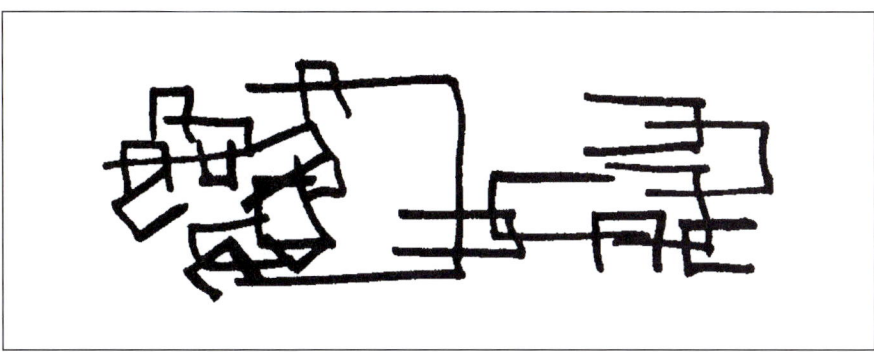

(nach Stevens, 1996, Seite 249)

Dialog im Zeichnen

Dauer   Für die Übung muss mindestens eine halbe Stunde eingeplant werden.

Ziel   Kommunikation, prozessorientierte Kooperation, Selbst- und Fremd-wahrnehmung, Dialog.

Beteiligte   Bei dieser Paarübung sollte sich die Gesamtgruppe aus 16 Personen, eine gerade Zahl, zusammensetzen. Sollte die Teilnehmerzahl ungerade sein, kann der Trainer den Part übernehmen, oder ein Team setzt sich aus drei Personen zusammen.

Material
- Papier DIN A3 (je Paar ein Bogen)
- farbige Filzstifte

Durchführung   Die Teilnehmer holen sich »ihre« Farbe. Der Trainer weist darauf hin, dass keine Bilder, Symbole usw. gezeichnet werden. Schweigend sucht jeder sich einen Partner, der eine »andere« Farbe ausgesucht hat. Die Paare nehmen sich einen Bogen, setzen sich gegenüber und legen das Papier zwischen sich auf den Tisch. Schweigend fangen sie gleichzeitig zu zeichnen an, ohne vorherige Absprache. Sie richten die gesamte Aufmerksamkeit auf den gemeinsamen kreativen Prozess. Im Verlauf des Zeichnens kann dann gleichzeitig oder abwechselnd gezeichnet werden.

Nach etwa 15 Minuten erzählen sich die Partner gegenseitig, was sie bei dem gemeinsamen Tun wahrgenommen haben. Im Plenum werden anschließend die Erfahrungen ausgetauscht.

Variante   Die Übung kann auch mit drei oder vier Personen durchgeführt werden.

Beispielsituationen   Zwei Kollegen, welche beide einen fast gleichen roten Stift gewählt hatten, setzten sich an einen Bogen gegenüber. Es war spannend zu beobachten, wie sie sich mit den Stiften umkreisten, bis es einem zu eng wurde. Mit einem langen Strich entfloh er der Situation in eine entfernte Ecke des Blattes. Langsam bewegten sich die beiden wieder aufeinander zu. Im Gespräch haben sie ihre Wahrnehmung ausgetauscht und sich entschlossen, freundschaftlich nebeneinander weiterzuarbeiten.

Meine Ansichtskarte

Dauer	Etwa 30 Minuten.
Ziel	Einstiegsmethode, Kennenlernübung, Selbstwahrnehmung.
Beteiligte	Die Gesamtgruppe umfasst etwa 15 Personen. Die Übung selbst wird als Einzelarbeit ausgeführt.

Material

❖ Papier DIN A4
❖ farbige Filzstifte
❖ Tesakrepp

Durchführung

Die Teilnehmer zeichnen eine Ansichtskarte von »sich«. Bilder, Skizzen, und Wörter aus dem eigenen Umfeld – zum Beispiel: am Arbeitsplatz, beim Hobby – sollen eine Aussage über den Zeichner geben. Es kann ein ganzes Bild sein, aber auch verschiedene kleine Szenen. Die »Ansichtskarten« werden an die Wand gehängt, und jeder Teilnehmer erklärt seine Zeichnung und stellt sich damit vor. Nachfragen von den anderen Teilnehmern oder dem Trainer sind empfehlens- und wünschenswert, da sie das Kennlernen vertiefen und Interesse an der Person zeigen.

Variante

Der Trainer sammelt die »Ansichtskarten« ein, mischt sie, und jeder Teilnehmern zieht ein Blatt. Jeder versucht zu beschreiben, was er auf der Zeichnung sieht. Vielleicht wird der Verfasser erraten, auf jeden Fall ergänzt er die Anmerkungen. (Dauer etwa eine Stunde.)

Mein Wappen

Dauer	Ein bis zwei Stunden.
Ziel	Einstiegsmethode, Selbst- und Fremdwahrnehmung, Kennenlernübung.
Beteiligte	Für diese Einzelarbeit kann die Gruppe bis zu 20 Personen umfassen.

Material

❖ Papier DIN A5
❖ Filzstifte
❖ Tesakrepp

Durchführung

Der Trainer regt die Teilnehmer an, sich ein Wappen für ihr Briefpapier zu entwerfen. Wie sollte es aussehen, um die Einmaligkeit der Person darzustellen. Welches Symbol könnte in Frage kommen, das treffend ist usw.

Die Teilnehmer erhalten ein Blatt Papier und zeichnen ihr charakteristisches Wappen. Hierbei wird nicht gesprochen. Die Skizzen werden nummeriert und an die Wand gehängt. Jeder Teilnehmer überlegt sich, welches Bild von welcher Person gezeichnet sein könnte, und schreibt in der Reihenfolge der Bilder den möglichen Zeichner auf. Im Plenum erfolgt dann die Diskussion über die Trefferquoten und über die Darstellungen. Danach erklären die Teilnehmer die Aussage ihres »Wappens«.

Bildbeispiele

Welches Bild ist momentan in Ihnen?

Dauer   Etwa eine halbe Stunde.

Ziel   Blitzlicht, Kurzfeedback.

Beteiligte   Da es sich um ein kurzes Feedback der einzelnen Teilnehmer handelt, kann die Gruppe auch aus etwa 20 Personen bestehen.

Material   ❖ Papier DIN A4
                     ❖ Stifte (Bleistifte, Kugelschreiber usw.)

Durchführung   Die Teilnehmer zeichnen ganz spontan, wo sie sich gerade gedanklich befinden. Nach zehn Minuten werden sie vom Trainer aufgefordert, ihrer Zeichnung einen Titel zu geben. Im Plenum hält jeder sein Bild vor sich und benennt es kurz. Dieses Kurzfeedback gibt dem Trainer Rückmeldung, wo seine Teilnehmer im Moment stehen. Diese Sonderform des Blitzlichts bietet sich vor einer Pause an.

Variante   Ein Kurzfeedback kann der Trainer auch unter dem Thema »Wie fühle ich mich jetzt?« abrufen. Der Ablauf erfolgt, wie oben beschrieben.

Gruppenbild

Dauer	Eine Stunde.

Ziel Gruppensituation, Feedback, Selbst- und Fremdwahrnehmung.

Beteiligte Die Gesamtgruppe setzt sich aus etwa 15 Personen zusammen. Die Übung selbst wird als Einzelarbeit ausgeführt.

Material
- ❖ Papier DIN A4
- ❖ farbige Filzstifte

Durchführung Die Teilnehmer erhalten die Aufgabe, beispielsweise mit Strichmännchen die Gruppensituation darzustellen und wie sie selbst zu der Gruppe stehen. Die Strichmännchen werden mit den Namen gekennzeichnet.

Nach etwa 20 Minuten zeigt jeder, wie er die Gruppe wahrnimmt und wo er glaubt, seinen Platz in der Gruppe zu haben.

Variante Für eine Gemeinschaftsarbeit eignet sich das Thema: »Gruppenbild der Seminarmannschaft«. Das heißt, jeder zeichnet sich auf den Platz, von dem er meint, dass das seiner in der Gruppe ist. Hierfür wird eine mit Papier bespannte Pinwand benötigt.

Für das Gruppenbild können die Teilnehmer statt Strichmännchen für die Personen auch Symbole oder Tiere zeichnen, beispielsweise ein Teilnehmer wirkt wie ein Löwe, ein anderer gleicht einem Reh.

Bildbeispiel

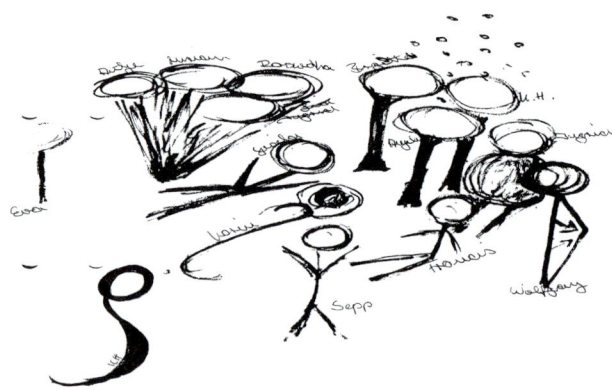

Abschied

Dauer	30 Minuten
Ziel	Schluss-Feedback, Kommunikation.
Beteiligte	Für diese Einzelarbeit hat sich eine Gruppengröße von etwa 15 Personen bewährt.
Material	❖ Papier DIN A4 ❖ Kugelschreiber oder Bleistift
Durchführung	Jeder Teilnehmer schreibt unten auf sein Blatt seinen Namen. Im Uhrzeigersinn werden die Blätter weitergegeben, und jeder zeichnet ein Bild für die Person, der das Blatt gehört. Wenn die Runde beendet ist, hat jeder sein Blatt zurück und kann es als Abschlussbild und somit als Schluss-Feedback mit nach Hause nehmen.
Anmerkungen	Eine Anregung aus meiner eigenen Erfahrung möchte ich noch weitergeben: Nachdem ich einmal von den Teilnehmern aufgefordert wurde, bei der Runde mitzumachen, habe ich die Idee beibehalten und schließe mich nicht mehr aus. Das hat den Vorteil, dass auch ich ein abschließendes Feedback erhalte.

Leitern

Dauer	Ein bis zwei Stunden.
Ziel	Zielsetzung, Lebenslinie, Selbstwahrnehmung.
Beteiligte	Die Gesamtgruppe sollte aus etwa 15 Personen bestehen, in der die Teilnehmer einzeln arbeiten.
Material	❖ Papier DIN A4 ❖ Stifte

Durchführung

Die Teilnehmer zeichnen auf ihr Papier ihre Lebenslinie (Lebenslauf) in Form von Treppen, Wendeltreppen, Leitern, Gerüsten in einer abstrakten Anordnung. Der Trainer bittet jeden einzelnen Teilnehmer, wenn er mit seiner Zeichnung fertig ist, sich zum Beispiel als Strichmännchen in das Bild einzufügen. Das bedeutet, jeder zeigt an, wo er glaubt, im Moment zu stehen.

Im Plenum berichtet jeder über sein Bild, wo er steht und was er auf der Zeichnung festgestellt hat, beispielsweise wie einzelne Lebensabschnitte dargestellt worden sind.

Hintergrund

Dauer	Ein bis zwei Stunden
Ziel	Kommunikation, Schärfung der Wahrnehmung.
Beteiligte	Da die Übung eine Paararbeit ist, sollte die Teilnehmerzahl gerade sein und die Gruppe aus etwa 16 Personen bestehen.

Material

- ❖ Papier DIN A4
- ❖ farbige Filzstifte

Durchführung

Wenn der Raum nicht sehr groß ist, werden die Tische an den Rand geräumt. Die Teilnehmer suchen sich mit einem Partner ihrer Wahl einen Platz im Raum. Hier setzen sie sich gegenüber. Einer von beiden hat auf einer harten Unterlage einen Bogen Papier und einen Stift. Es wird nicht mehr geredet. Die Teilnehmer sehen sich in die Augen und mit dem Stift zeichnet erst der eine, was schemenhaft im Hintergrund wahrgenommen wird. Die Person wird ausgespart! Es soll dabei nicht auf das Papier geschaut werden. Nach 20 Minuten wird gewechselt. Wenn beide Hintergründe gezeichnet sind, versuchen die Partner, im Gespräch Merkmale in der Zeichnung zu finden, die mit der Person zu tun haben. Es kann ein Symbol sein, eine Form, die Farbe, hell und dunkel usw. Im Plenum berichten die Paare über ihre Erfahrungen.

Anmerkungen

Einen Tipp möchte ich noch anfügen: In der bildenden Kunst gibt es viele Beispiele für den Zusammenhang des Hintergrundes mit der gemalten Person, ein Beispiel sind Bilder von C.D. Friedrich (1774–1840).

Beispiel

Auf einem Blatt war im Hintergrund eine Leiter. Hierbei spielt es keine Rolle, ob diese Leiter wirklich im Hintergrund stand oder ob sie aus dem »Blindzeichnen« entstanden ist. Der Teilnehmer, um dessen Hintergrund es sich handelte, stellte begeistert fest, dass es seine Karriereleiter darstellt, und konnte die anderen Formen in Zusammenhang damit bringen. Er erzählte seinem Partner seine berufliche Laufbahn und bezeichnete die Stelle, wo er heute auf der Leiter steht. Angeregt durch die Schilderungen seines Partners, konnte der andere Teilnehmer in seinem Hintergrund vieles finden, was mit seinem Leben zu tun hatte.

Symbole

Dauer
Für die Übung wird ein halber Tag, etwa vier Stunden. benötigt.

Ziel
Kommunikation, Schärfung der Wahrnehmung Lebenslinie, Prozessanalyse.

Beteiligte
Da die ausgearbeitete Einzelarbeit im Zweierteam bearbeitet wird, empfiehlt sich eine Gruppengröße von 16 Personen (gerade Zahl). Sollte dies nicht möglich sein, kann sich auch ein Dreierteam zusammenfinden.

Material
- ❖ Papier DIN A3 (je Person zwei Bogen)
- ❖ farbige Filzstifte oder besser noch Buntstifte

Durchführung
Die Teilnehmer unterteilen ein Blatt in sechs Felder. In jedes Feld zeichnen sie ein Symbol in verschiedenen Farben. Eines der Symbole wird von dem Teilnehmer ausgewählt.

Anhand dieses Symbols zeichnen die Teilnehmer auf ein neues Blatt, das in neun Felder unterteilt wurde, eine spontane Kurzgeschichte.

Jeder Teilnehmer sucht sich einen Partner, dem er »seine« Geschichte mit dem Hintergrund der eigenen Lebensgeschichte und dem »wo stehe ich jetzt« erzählt.

Im Plenum werden anschließend die Erfahrungen ausgetauscht.

Ergänzende Übung
In Zweiergruppen werden die Bilder auf ihre Polaritäten untersucht und reflektiert. Diese Gruppenarbeit ist oft sehr intensiv und dadurch zeitaufwändig.

Beispiel
In einem Seminar suchte ein Teilnehmer aus seinen verschiedenen Symbolen das Ei heraus, um eine Geschichte zu zeichnen: Das Ei bekam ein kleines Loch, daraus kam ein zweites kleines Ei, es wurde immer größer und zerbrach dann. Das Ursprungsei lag unbeschädigt daneben, umgeben von vielen Scherben. Das neunte Bild zeigte ein großes Ei, welches aufgebrochen war und aus dem ein Düsenstrahl herauskam.

Er erzählte seine Geschichte in Verbindung zu seinem Leben. Im Moment fühlte er viel Energie in sich, um etwas Neues zu beginnen.

Bildbeispiel

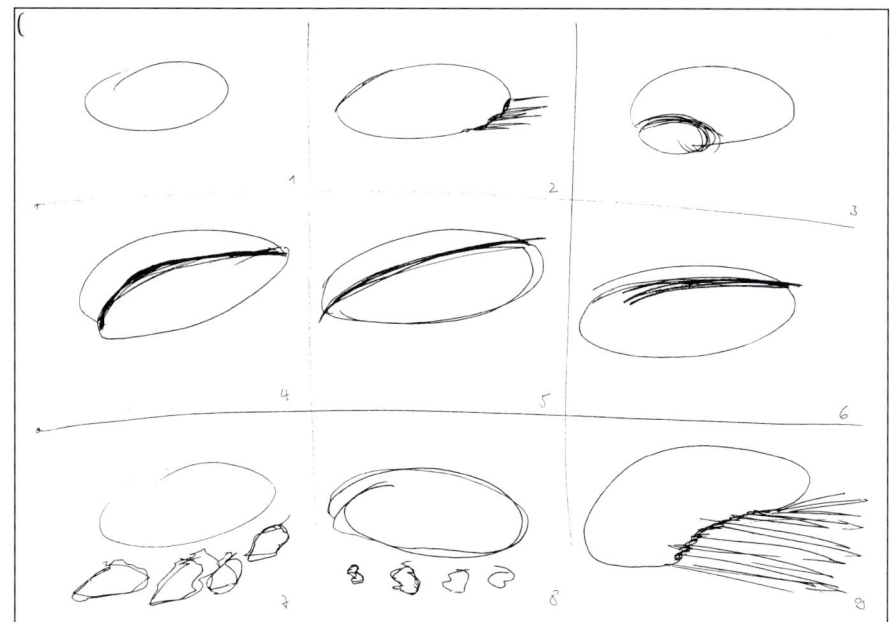

Die persönliche Unterschrift

Dauer   Drei Stunden.

Ziel   Selbst- und Fremdwahrnehmung, Lebenslinie.

Beteiligte   Die Gesamtgruppe umfasst etwa 15 Personen.

Material   ❖ Papier DIN A4 (mindestens fünf Bogen je Teilnehmer)
                             ❖ farbige Filzstifte

Durchführung   Die Teilnehmer holen sich einen farbigen Stift und mehrere Bogen Papier, mindestens fünf.

Auf der oberen Hälfte des Papiers schreibt jeder seinen Namen in Spiegelschrift (rückwärts). Der Trainer fragt die Teilnehmer, wie es ihnen damit gegangen ist. Anschließend versuchen sie, ihren Namen ganz locker in Spiegelschrift zu schreiben.

Auf einen zweiten Bogen wird der Name vorwärts in der Größe des Papiers geschrieben und noch einmal ganz winzig. Beide Bögen werden der Gruppe gezeigt, und es wird beschrieben, was die einzelnen Teilnehmer wahrgenommen haben.

Auf einen dritten Bogen schreibt jeder den Namen ganz langsam und breit. Ziel dieser Übung ist es, mit der Unterschrift eine Lebenslinie auszuziehen. Diese Unterschrift soll auf irgendeine Weise die Lebensabschnitte darstellen.

Der vierte Bogen dient dazu, auf einer Hälfte den Namen – wie eine Skizze der eigenen Person – eher zu zeichnen als zu schreiben. Auf der anderen Hälfte des Blattes skizziert der Schreiber seinen Namen so, wie er meint, von einer anderen Person gesehen zu werden, zum Beispiel von dem Ehepartner, dem Chef, dem Kollegen.

Der nächste Bogen wird ebenfalls in zwei Hälften unterteilt. Auf der einen Seite wird der Name so geschrieben, wie der Schreiber ihn sympathisch findet, und auf der anderen Seite, wie er ihn nicht geschrieben mag. Das kann so aussehen, dass auf der einen Seite eine runde, rhythmische Unterschrift ist und auf der anderen eine ganz krakelige.

Alle Teilnehmer legen ihre Bogen so vor sich hin, dass sie jeder sehen kann. Im Plenum wird über die verschiedenen Erfahrungen berichtet.

Anmerkungen

Folgende Fragen sollen Ihnen wieder als Auswertungshilfen dienen:

– Was wurde beim Schreiben auf Bild eins und zwei empfunden?
– Welche Lebensabschnitte wurden auf Bild drei entdeckt?
– Wo liegen die Unterschiede in der Selbst- und empfundenen Fremdwahrnehmung auf Bild vier?
– Was glauben Sie, drückt die geliebte und ungeliebte Unterschrift auf Bild fünf aus?

Ich als Chef

Dauer	Ungefähr zwei Stunden.
Ziel	Selbstwahrnehmung.
Beteiligte	Diese Einzelarbeit sollte nicht mit einer großen Gruppe durchgeführt werden. Empfehlenswert sind 10–12 Teilnehmer.

Material

❖ Papier DIN A4
❖ Filzstift

Durchführung

Die Teilnehmer setzen sich in Ruhe mit ihrem Bild als Führungskraft auseinander.

Dann zeichnen sie, was ihnen dazu eingefallen ist. Oft eine Sammlung von Fragmenten.

Im Plenum zeigen sie ihre Zeichnungen und erzählen, welche Fantasien ihnen dazu gekommen sind. Der Trainer fasst die Ergebnisse zusammen und diskutiert mit den Teilnehmern über dieses Thema.

Variation

Im Verkaufstraining habe ich gerne das Thema »Ich als Verkäufer« zeichnen lassen.

Beispiel

In einem Seminar hatte eine Teilnehmerin ihre Führungssituation mit dem Segeln verglichen. Ein Boot, das von ihr auf der einen Seite des Blattes durch ruhige Gewässer und auf der anderen Seite durch eine aufgewühlte See geführt wurde. Dazu kamen die verschiedenen Winde, denen sie sich stellen musste.

Eine Arbeitssituation

Dauer   Drei bis vier Stunden.

Ziel   Schärfung der Wahrnehmung.

Beteiligte   Für diese Paararbeit sollte die Gruppe nicht größer als 14 Personen sein.

Material   ❖ Papier DIN A3 (je Teilnehmer vier Bogen)
                   ❖ farbige Filzstifte

Durchführung   Die Teilnehmer werden vom Trainer in das Thema eingeführt, da jede Gruppe mit einer anderen Arbeitssituation, beispielsweise in der Montage, im Büro oder Außendienst zu tun hat. Nachdem sie Papier und farbige Stifte erhalten haben, überlegen sich die Teilnehmer in aller Ruhe eine ihnen wichtige Arbeitssituation. Diese Arbeitssituation zeichnet jeder Teilnehmer in ungefähr fünf Minuten auf sein Papier. Auf dem zweiten Blatt zeichnen die Teilnehmer einen fokussierten, für sie wichtigen Bereich aus dem ersten Blatt. Hierfür haben sie zehn Minuten Zeit. Ein weiteres wichtiges Detail aus dem zweiten Bild wird auf das dritte Blatt gezeichnet.

In Zweier- bzw. Dreiergruppen besprechen die Teilnehmer ihre Arbeiten und erläutern, wie es ihnen damit ergangen ist. Eine Auswertungshilfe, wie beispielsweise unten aufgeführt, kann ihnen dabei gegeben werden. Die Teilnehmer diskutieren im Plenum über ihre Ergebnisse und Erfahrungen in ähnlichen beruflichen oder privaten Situationen.

Ergänzende Übung   Zur Vertiefung der Übung können die Teilnehmer aus ihrer Detailzeichnung eine Geschichte auf einen Bogen zeichnen, der in neun Felder unterteilt ist. In Zweiergruppen erfolgt der Austausch, und im Plenum wird anschließend über die Erfahrungen berichtet.

Anmerkungen   Für die Zweiergruppen können diese Auswertungshilfen in Form eines Arbeitsblattes ausgegeben werden.

– Jeder berichtet über die dargestellte Situation.
– Welche Bedeutung spielt der Ausschnitt in der Arbeitssituation?
– Wie wichtig ist das Detail für den jeweiligen Teilnehmer?

Die Traummaschine

Dauer   Etwa zwei Stunden.

Ziel   Kommunikation, Kooperation, Ideenfindung, Teamwork, Prozessana-
                   lyse, Anregung der Fantasie.

Beteiligte   Diese Gruppenarbeit mit jeweils vier Personen eignet sich für eine Ge-
                   samtgruppe von 16 Teilnehmern.

Material   ❖ Packpapier
                   ❖ farbige Filzstifte

Durchführung   In Kleingruppen zeichnen die Teilnehmer auf einer mit Packpapier be-
                   spannten Pinwand eine Traummaschine. Sie sollten sich vorher überle-
                   gen, wie diese auszusehen hat, ob und was diese produzieren soll. Einer
                   aus der Gruppe sollte Protokoll führen, das folgende Punkte beinhaltet:

                   – Wie ist die Gruppe mit dem Thema umgegangen?
                   – Wie war der Ablauf von der Idee bis zur fertigen Traummaschine?
                   – Welche Ideen sind bei der Arbeit gekommen, realistische und unrea-
                      listische? (Jede Idee auf eine Karte!)

                   Die Gruppen haben für diese Übung eine Stunde Zeit. Die Karten werden
                   an die jeweilige Pinwand geheftet. Im Plenum berichtet der Protokollfüh-
                   rer über die Erfahrungen und den Ablauf der Arbeit. Können Ideen am
                   Arbeitsplatz, zum Beispiel in der Montage, weiterverfolgt werden?

Ergänzende Übung Es besteht die Möglichkeit einen Wettbewerb anzuregen. Die Jury kann
                   aus einem Mitglied jeder Gruppe bestehen. Die Kriterien sind:

                   – Originalität,
                   – Funktionsfähigkeit der Traummaschine,
                   – Anzahl der realisierbaren Ideen.

                   Die Jury hat zur Beurteilung zwanzig Minuten zu Verfügung. Das Ergeb-
                   nis wird im Plenum mitgeteilt.

Variante   Auch weitere Themenvorschläge sind denkbar: »Fantasiemaschine«,
                   »Traumfabrik«, »Die absonderliche Denkmaschine«.

Prozessanalyse

Dauer	Eine Stunde.
Ziel	Prozessanalyse, Feedback.
Beteiligte	Bis 20 Personen.
Material	❖ eine Rolle Packpapier ❖ Stifte
Durchführung	Auf dem Boden des Seminarraumes wird in voller Länge Packpapier ausgelegt. Mit einem Längsstrich werden die Seminartage markiert. Zum Beispiel:

1. Tag	2. Tag	3. Tag	4. Tag	5. Tag

Zwischen den Strichen wird für das Feedback der Teilnehmer Raum gelassen. Der Trainer lässt die einzelnen Seminartage bzw. -blöcke Revue passieren. Die Teilnehmer werden aufgefordert, die für sie wichtigen Ereignisse in Form von Bildern, Zeichen und Symbolen in den Zwischenräumen darzustellen.

Malen

Geschichte

Malen gilt als die früheste Kunstform. Gegenüber den dreidimensionalen Künsten Architektur und Bildhauerei geht es hier vorrangig um die von der Farbe bestimmte Flächengestaltung. Unterschieden wird davon die vorwiegend lineare Gestaltung bei Zeichnung oder Grafik.

Wie alle Kunst hat die Malerei ihren Ursprung in Kult und Mythos. Zeugnisse dafür gibt es reichlich: angefangen mit den Felsenbildern der vorgeschichtlichen Zeit, über die Wandmalereien der frühen Hochkulturen bis zur Wand-, Buch- und Altarmalerei des Mittelalters und der Renaissance. Die Tafel- und Buchmalerei der Antike dient ausschließlich der Wiedergabe religiöser Inhalte, beispielsweise Ikonen und Altarbilder. Der Maler Giotto gilt als der eigentliche Erfinder der Tafelbilder, die eine kompositionelle und in sich geschlossene Einheit bilden. Im 15. Jahrhundert kommt die im Holzrahmen gespannte Leinwand in die Ateliers, auf der mit Tempera und Ölfarbe gemalt wird.

Ab dem 16. Jahrhundert werden neben religiösen Inhalten immer mehr weltliche Themen dargestellt. Als Beispiele kann man nennen: bei Breugel Stillleben, Genremalerei, Landschaften und Porträts sowie die Historienmalerei bei Rembrandt.

Die neue Malergeneration der Impressionisten stellte sich schließlich mit ihren Themen gegen die bisherigen Kunstregeln. Sie verzichteten auf eine gedanklich, inhaltlich und symbolisch überladene Thematik. Bevorzugt wurden Landschaftsthemen, wobei der optische Eindruck von Licht- und Schattenreflexen, von Atmosphäre im Vordergrund stand. Sie zerlegten die Farben und setzten sie in kleinen Tupfern und Pinselstrichen so flächig nebeneinander, dass das Auge des Betrachters sie nur als Bild erkennen kann, indem er einen bestimmten Abstand zum Gemälde einnimmt. Zu den bedeutendsten Malern dieser Epoche zählen Monet, Degas und Sisley.

Van Gogh gehörte schon zu den Vorläufern des Expressionismus. Natur und Landschaft sowie das Leben der einfachen Leute wurden zu seinen großen Themen. Zu Gunsten des Ausdrucks löste er sich von der Realität und fand so zu einer weit größeren expressiven Kraft in seiner Malerei. Aus dem Expressionismus, der Kunstströmung, in der subjektive Gefühlswerte dominierten, kamen entscheidende Impulse von den Künstlergruppen »Die Brücke« und »Der Blaue Reiter«. Sie suchten die bisherigen Grenzen des künstlerischen Ausdrucksvermögens zu erweitern. Kandinsky entwickelte später daraus die abstrakte Kunst, die mit ihren Bildinhalten den Bereich der gegenständlichen Darstellungen verlässt.

Beschreibung der Technik

Aus der ursprünglichen Bedeutung »mit einem Mal versehen« entwickelte sich im Mittelhochdeutschen das Wort Malen. Malen heißt, Form mittels Farbe entstehen lassen bzw. Farbflecken aneinander setzen.

Um Malen zu können, benötigt man Farbe, Pinsel sowie den Malgrund. Die Malerei entsteht jedoch nicht wie die Zeichnung aus der Linie, sie braucht keine linearen Umrisse. Dennoch sind zwischen Zeichnung und der Malerei keine klaren Grenzen auszumachen. Es gibt unendlich viele Zwischenstufen. Beim Malen wird Wahrgenommenes in Farbe umgesetzt.

Im Volksmund gilt die Farbe auch als ein vereinfachtes Symbol. Beispielsweise: »ich sehe rot«; gleichzeitig gilt »rot« aber auch als Farbe der Liebe. Betrachtet man das einzelne Individuum so lässt sich feststellen, dass jeder Mensch die Farbe rot anders empfindet.

Durch das Malen soll auch die visuelle Vorstellungskraft geschärft werden. Dies lässt sich nur mit Darstellen erreichen, das heißt: durch das Zusammenwirken von Sehen, Denken und ausführender Hand.

Der Wunsch, Erlebtes darzustellen, ist so alt wie die Geschichte der Menschheit. Vermutlich ist diese Form der Wiedergabe älter als das Wort. Trotz der biblischen Aussage »Am Anfang war das Wort« kann man sich vorstellen, dass vor dem veränderbaren Wort das Bild oder die Zeichnung war. Durch sie lassen sich auf einen Blick Dinge vermitteln, die mit Worten kaum beschreibbar sind.

Zielsetzung

Bei den Themenbeispielen steht nicht das Produkt Bild im Vordergrund, sondern der kreative Prozess. Die Zielvorstellungen sind:

❖ Förderung der Sensibilität,
❖ Wahrnehmung,
❖ das differenzierte Sehen lernen,
❖ Mut zum Experimentieren, zur Fantasie, zur Originalität,
❖ Ermunterung zu eigenen, individuellen Sichtweisen sowie
❖ Zutrauen zu den eigenen Fähigkeiten und Selbstbestimmung.

Einzel-, Paar- und Gruppenarbeit

Bei Gruppenarbeiten stellte ich immer wieder fest, dass die Zusammenarbeit durch das Malen in der Gruppe verstärkt wird. Neue Erfahrungen werden gemacht, und das Gefühl der Gruppenverantwortlichkeit wird erlebt. Die Teilnehmerinnen und Teilnehmer erleben eine kooperative und produktive Zusammenarbeit.

Gleiche Erfahrungen lassen sich beim paarweisen Malen machen. Allerdings kann es hier eher zu Konflikten oder Diskussionen kommen, wenn einer der Partner zu dominant wird.

Bei den Einzelarbeiten ist es für den Teilnehmer meist spannend, die eigene, oft verschüttete Kreativität zu entdecken. Da bei den Malübungen keinerlei Vorkenntnisse erforderlich sind, macht die Arbeit Spaß, und die Teilnehmer geht locker daran, die schöpferischen Kräfte freizusetzen. Es wächst die Neugier und die Lust am Experimentieren. Es geht hier nicht um ein Kunstwerk, sondern um die Erfahrungen, die man beim Malen machen kann. Die gehen von der spielerischen Herangehensweise bis zur totalen Konzentration, in der man sein Umfeld nicht mehr wahrnimmt.

In diesem Kapitel habe ich Beispiele zusammengestellt von der kurzen Meditation bis zum großen Gemeinschaftsbild.

Erfahrungen mit dem Einsatz dieser Technik

Ich habe erlebt, dass Malen die natürliche Kreativität wieder öffnet, die wir in unserer Kindheit gehabt, aber oft im Laufe unseres Lebens verloren haben.

Sonstiges

Interessant ist hierzu der Film »Picasso«. Diese Dokumentation von 1955 von dem französischen Filmregisseur Henri-Georges Clouzot zeigt in einem besonderen Verfahren den kreativen Prozess des Malers.

Malen: Vorbereitung und Planung

Generell können folgende Anhaltspunkte gegeben werden:

Dauer

Das Malen ist für den Trainer arbeits- und zeitaufwändig. Dies sollte unbedingt vorher beachtet werden. Bei einer guten Vorbereitung benötigen die Teilnehmer die in den Übungen angegebenen Zeitvorgaben.

Gruppengröße

Für die Übungen hat sich eine Teilnehmerzahl von 14 bis 16 Personen bewährt.

Seminarraum

Der Seminarraum sollte mit genügend Arbeitsfläche ausgestattet sein. Je Teilnehmer plane ich eine Tischbreite von einem Meter ein.

Da mit Dispersionsfarbe gearbeitet wird, ist ein Seminarraum mit Teppichboden eigentlich ungeeignet! Es besteht aber die Möglichkeit, den Boden mit großen Plastikplanen zu bedecken. Pinwände, Wände und der Boden bieten sich für größere Arbeiten an. Es muss jedoch ebenfalls vorab geklärt werden, ob eine geeignete Wand für Gemeinschaftsarbeiten zur Verfügung steht! Sie sollten vorher überprüfen, ob die Möglichkeit besteht, für Gruppenarbeiten weitere Räume zu benutzen.

Für die Hintergrundmusik, die oft die Kreativität beflügelt, sollte ein Kassettenrekorder oder ein CD-Player einsatzbereit sein.

Material

❖ Papier in den Formaten DIN A3 oder DIN A4, besonders zu empfehlen sind Zeichenblöcke in entsprechender Größe. Packpapierrollen (ca. 130 cm breit) eignen sich für Gemeinschaftsarbeiten.

❖ Dispersionsfarbe (rot, gelb, blau, schwarz, weiß). Am besten nehmen Sie große Plastikflaschen, die es in jedem Malergeschäft oder Baumarkt zu kaufen gibt.

❖ Stifte zur Ergänzung der Bilder.

❖ Borstenpinsel: Ausreichend sind einfache, nicht zu dünne Pinsel, die ebenfalls in Malergeschäften oder Baumärkten erhältlich sind.

❖ Wasserbehälter: Dazu eignen sich sehr gut Marmeladengläser oder Dosen.

❖ Plastikpaletten oder Deckel von großen Gläsern zum Mischen der Farben.

❖ Zeitungspapier zum Abdecken der Tische.

❖ Tesakrepp: 3 cm breit. Das Klebeband wird für das Aufhängen der Bilder benötigt sowie gegebenenfalls zum Ankleben der Plastikplanen zum Schutz von Teppichböden.

❖ Küchenpapierrolle, um Farbe und Spritzer zu entfernen.

❖ Ein großer Plastiksack für die Abfälle.

Ablauf

Für Gemeinschafts- und Gruppenarbeiten müssen die Tische von dem Trainer vor Seminarbeginn zusammengestellt und mit Zeitungspapier abgedeckt werden. Anschließend kommt darauf das Packpapier. In Reichweite stehen Farben, Pinsel und Wasser.

Bei Einzelarbeiten decken die Teilnehmer in der Regel ihre Tische selber ab. Auf einen Tisch hat der Trainer die Malutensilien aufgebaut, sodass jeder sich bedienen kann.

Damit ein lebendiger Prozess entsteht, ist eine sensible Ein- und Hinführung zum Thema durch den Trainer unbedingt erforderlich. Dies kann geschehen durch ein kurzes Plenumgespräch, Brainstorming oder eine Fantasiereise. Das Thema wird für alle sicht- und merkbar an ein Flipchart geschrieben.

Während des Arbeitsprozesses lege ich Wert darauf, dass Ruhe im Raum ist. In Absprache mit den Teilnehmern spielt im Hintergrund leise Entspannungsmusik. Die zur Verfügung stehende Zeit gebe ich am Anfang bekannt. Für mich ist es wichtig, den Teilnehmern vorher zu sagen, was mit ihren fertigen Bildern passiert. Sie müssen ebenfalls wissen, dass Interpretationen und Beurteilungen der Arbeiten ausgeschlossen sind!

Der Prozess der Arbeit beginnt mit der Entscheidung, wie groß das Papier für das Bild ist und welche Farben benötigt werden. Dann wenden sich die Teilnehmer dem Thema zu. In das Bild kann gezeichnet und geschriebenen werden. Es geht nicht um ein »schönes« Bild, es geht um den Ausdruck, die Wahrnehmung und das Experimentieren mit der Farbe. Ein rechtzeitiger Hinweis auf das bevorstehende Ende ist angebracht. Es ist wichtig, den Teilnehmern zu überlassen, wo das Bild im Raum aufgehängt werden soll. In der Regel möchten die Teilnehmer ihr Bild gegenüber an der Wand »vor Augen« haben, oder es hängt hinter ihnen. Sollten die Bilder noch nicht trocken sein, werden sie zunächst auf den Boden gelegt und später aufgehängt.

Im Abschlussplenum besteht für die Teilnehmer die Möglichkeit, über den Arbeitsprozess zu berichten. Ich vermeide Interpretationen und versuche, sie auch von den anderen Teilnehmern auszuschließen!

Gemeinsames Aufräumen fördert die Stärkung der Zusammenarbeit und der Gruppenverantwortung. Die Teilnehmer können ihr Bild mit nach

Hause nehmen, um sie vielleicht im Familien- oder Freundeskreis zu zeigen. Bei Gemeinschaftsarbeiten entscheidet die Gruppe, was mit dem Gemälde geschehen soll.

Ergänzende Übungen und Varianten

Bei einigen Themen schlage ich zusätzliche Übungen oder Varianten vor.

Anmerkungen

❖ Achtung Kleidung: Die Dispersionsfarbe lässt sich aus der Kleidung nicht mehr entfernen. Weisen sie die Teilnehmer unbedingt darauf hin, damit sie entsprechende Kleidung mitbringen und anziehen können. In der Seminareinladung vermerke ich deshalb, dass jeder Teilnehmer ein altes, möglichst großes Oberhemd mitbringen möchte. Alte Oberhemden, die falsch herum (Knöpfe nach hinten) als Kittel angezogen werden, habe ich zudem immer dabei.

❖ Protokollführung: Bei einigen Übungen empfiehlt es sich, Teilnehmer mit der Protokollführung zu beauftragen. Deren Beobachtungen ergänzen dann die Abschlussbesprechung.

❖ Auswertungshilfen: Um eine gezieltere Abschlussbesprechung zu erreichen, gebe ich zu verschiedenen Übungen Auswertungshilfen.

❖ Literatur: Literaturhinweise sind im Anhang enthalten.

❖ Beispielsituationen: Einige Übungen werden durch Situationen aus meinem Seminaralltag ergänzt.

Es folgen nun Themenbeispiele.

Die »Farbige Kuh«

Dauer	Etwa zwei Stunden.
Ziel	Kommunikation, Verkaufstraining, Warming-up.
Beteiligte	Die Gesamtgruppe umfasst etwa 16 Personen. Die Übung selbst wird als Einzel- und Paararbeit ausgeführt.

Material

* ❖ Papier DIN A3
* ❖ Dispersionsfarbe (rot, gelb, blau, schwarz, weiß)
* ❖ Pinsel
* ❖ Wasserbehälter
* ❖ Paletten zum Mischen
* ❖ Zeitungspapier zum Abdecken der Tische
* ❖ Tesakrepp
* ❖ Küchenpapierrolle
* ❖ Plastiksack

Durchführung	Die Teilnehmer erhalten die Aufgabe, eine »Farbige Kuh« zu malen. Wenn alle damit fertig sind, sucht sich jeder einen Partner. Im Zweiergespräch preist jeder die Vorteile seiner Kuh an. Im Plenum wird dann über die Erfahrungen berichtet.
Ergänzende Übung	Ist die Gruppe nicht zu groß und genügend Zeit vorhanden, kann die Zweier-Diskussion vor den anderen Teilnehmern der Gruppe geführt werden.
Anmerkungen	Videoaufzeichnungen der Gespräche sind zur Auswertung sehr zu empfehlen.

Ich habe die Erfahrung gemacht, dass sich die Teilnehmer viel freier geben als beispielsweise bei einem gestellten Verkaufsgespräch, denn die Übung macht viel Spaß.

Wichtige Argumente und Erfahrungen sollten mit Karten ausgewertet werden, um Erkenntnisse, etwa für den Verkauf, umzusetzen.

Die Malaktion

Dauer	Zwei bis drei Stunden.
Ziel	Kommunikation, Kooperation, Selbst- und Fremdwahrnehmung, prozessorientierte Gruppenarbeit.
Beteiligte	An dieser Gemeinschaftsarbeit sollten nicht mehr als 15 Personen teilnehmen.

Material

* Packpapierrollen (etwa 130 cm breit)
* Dispersionsfarbe (rot, gelb, blau, schwarz, weiß)
* Pinsel
* Wasserbehälter
* Paletten zum Mischen
* Zeitungspapier zum Abdecken der Tische
* Tesakrepp
* Küchenpapierrolle
* Plastiksack

Durchführung

Zwei Tischreihen werden zusammengestellt und mit einer langen Papierbahn ausgelegt, die vom Trainer mit schwarzem Filzstift in Felder (je Person ein Feld) eingeteilt wird. Für zehn Personen sieht dies beispielsweise folgendermaßen aus:

Jeder Teilnehmer malt in seinem Feld nach Lust und Laune ein Bild. Nach einer bestimmten Zeit, in der Regel etwa eine halbe bis eine ganze Stunde, bittet der Trainer die Teilnehmer, nun zu versuchen, aus den Teilen ein gemeinsames Bild entstehen zu lassen. Die schwarzen Trennlinien zu den Nachbarn und den gegenübersitzenden Personen können dabei übermalt werden. Wichtig ist, dass bei dieser gemeinsamen Arbeit möglichst nicht gesprochen wird.

Das Gemeinschaftsbild wird anschließend aufgehängt. Im Abschlussplenum berichten die Teilnehmer über ihre Erfahrungen.

Anmerkungen   Als Auswertungshilfe bieten sich folgende Fragen an:

– Hat es gestört, als der Nachbar in das Bild hineingemalt hat?
– Wer konnte zusammen einen guten Übergang schaffen?
– Kann sich jeder mit dem Gemeinschaftsbild oder einem Teil davon identifizieren?

Das Rautenbild

Dauer   Ungefähr zwei Stunden.

Ziel   Nonverbale Kommunikation, Kooperation, Teamwork, Schärfung der Wahrnehmung.

Beteiligte   Bei einer Gruppenarbeit mit je vier Teilnehmern, bietet sich eine Gesamtgruppe von 16 Personen an.

Material
- Vier Bogen Packpapier DIN A1
- Dispersionsfarbe (rot, gelb, blau, schwarz, weiß)
- Pinsel
- Wasserbehälter
- Paletten zum Mischen
- Zeitungspapier zum Abdecken der Tische
- Tesakrepp
- Küchenpapierrolle
- Plastiksack

Durchführung Die Seminarteilnehmer finden sich in Vierer-Gruppen zusammen. Jede Gruppe erhält einen vorbereiteten Tisch, auf dem ein großer Bogen Packpapier liegt. Dieser ist vom Trainer durch eine quer darüber gelegte Raute in Felder aufgeteilt (siehe Zeichnung). In der Mitte ist zudem ein Kreis eingezeichnet.

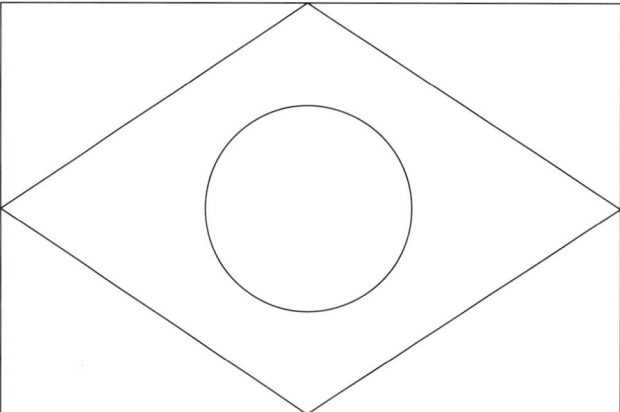

Jeder Teilnehmer setzt sich an eine Ecke und gestaltet frei diesen Teil des Papiers. Es wird nun nicht mehr gesprochen.

Anschließend bekommen die Teilnehmer die Aufgabe, im Rautenfeld nacheinander die Formen des Vormalers weiterzuführen. Der Kreis in der Mitte bleibt noch ausgespart.

Wenn dieser Teil des kreativen Prozesses abgeschlossen ist, muss die Vierergruppe überlegen, wie durch die Gestaltung des Kreises das Ganze zu einem Bild zusammengeführt wird.

Das Gemeinschaftsbild wird danach aufgehängt. Im Abschlussplenum berichten die Teilnehmer über ihre Erfahrungen, die sie in den drei Phasen der Gruppenarbeit gemacht haben.

Inselleben

Dauer	Es müssen vier Stunden für diese Übung angesetzt werden.
Ziel	Kooperation, Kommunikation, Problemlösung, Anregung der Fantasie.
Beteiligte	Für diese Einzelarbeit sollte die Gruppengröße nicht mehr als 15 Personen betragen.

Material

- ❖ Papier DIN A3
- ❖ Dispersionsfarbe (rot, gelb, blau, schwarz, weiß)
- ❖ Pinsel
- ❖ Wasserbehälter
- ❖ Paletten zum Mischen
- ❖ Stifte (Bleistifte, Buntstifte, Filzstifte usw.)
- ❖ Zeitungspapier zum Abdecken der Tische
- ❖ Tesakrepp
- ❖ Küchenpapierrolle
- ❖ Plastiksack

Durchführung

Nachdem die Teilnehmer ihre Malutensilien aufgebaut haben, teilt der Trainer mit, dass sich alle als Schiffbrüchige auf einer einsamen Insel befinden. Die Teilnehmer können die Augen schließen, wenn der Trainer möglichst plastisch schildert, wie die Insel aussehen könnte. Eine Kurzgeschichte oder Musik, zum Beispiel Meeresrauschen, Hawaiimusik, kann gleichfalls auf diese Fantasiereise einstimmen.

Bei dieser Übung soll aber nicht nur eine Trauminsel gemalt werden, sondern jeder Teilnehmer soll sich zudem Gedanken machen, wie er sich das Zusammenleben vorstellen und wie er sich einbringen könnte.

Um das Thema nicht aus den Augen zu verlieren, schreibt der Trainer auf ein Flipchart:

- Was kann ich auf der Insel der Gemeinschaft anbieten?
  (Beispielsweise kochen für alle, Häuser bauen, auf die Jagd gehen, Kranke pflegen.)
- Wie ist es **mir** möglich, auf einer einsamen Insel mit anderen Schiffbrüchigen zusammen zu leben?

Bei dieser Übung sollen sich die Teilnehmer in Ruhe auf sich selbst konzentrieren und genügend Zeit für ihre Arbeit haben.

Wenn alle Teilnehmer ihre Bilder aufgehängt haben, erzählt jeder, wie er sich vorstellen könnte, in der Gemeinschaft der Schiffbrüchigen zu leben. Hier schließen sich in der Regel heftige Diskussionen über Gesellschaftsformen und Menschenbild an. Der Trainer sollte die Rolle des Moderators übernehmen.

Anmerkungen   Als Auswertungshilfen stehen folgende Fragen zur Verfügung:

–   Wie würde sich das soziale Leben aufbauen/strukturieren?
–   Welche Hierarchien der Tätigkeiten bauen sich auf?
–   Würde die Gruppe einen »Häuptling« ernennen/annehmen?
–   Wie würden Entscheidungen getroffen werden?
–   Welche Regeln für das Zusammenleben werden eingeführt?
–   Wie geht man ökologisch mit der neuen Umwelt um?

Ein Platz für mich

Dauer   Etwa ein bis zwei Stunden.

Ziel   Entspannung, Meditation, Selbstwahrnehmung, Anregung der Fantasie.

Beteiligte   Etwa 15 Personen umfasst die Gesamtgruppe. Die Übung selbst wird als Einzelarbeit ausgeführt.

Material
- ❖ Papier DIN A3
- ❖ Dispersionsfarbe (rot, gelb, blau, schwarz, weiß)
- ❖ Pinsel
- ❖ Wasserbehälter
- ❖ Paletten zum Mischen
- ❖ Stifte (Bleistifte, Buntstifte, Filzstifte usw.)
- ❖ Zeitungspapier zum Abdecken der Tische
- ❖ Tesakrepp
- ❖ Küchenpapierrolle
- ❖ Plastiksack

Durchführung   Die Teilnehmer werden durch den Trainer mit einer kleinen Fantasiereise, einer Kurzgeschichte oder Meditationsmusik in das Thema eingeführt. »Ein Platz für mich« kann bedeuten: auf einem Schiff, im Wald, in einem Straßencafé in Paris usw. In ruhiger und entspannter Atmosphäre malen die Teilnehmer ihren ganz persönlichen Platz.

Die fertigen Bilder werden aufgehängt, und jeder erzählt die Geschichte von seinem Bild.

Variante   Als Variante bietet sich das Thema: »Wo möchte ich jetzt am liebsten sein«, an.

Maldiktat

Dauer   Ein bis zwei Stunden.

Ziel   Entspannung, Anregung der Fantasie.

Beteiligte   Mit etwa 15 Personen kann dieser Einzelarbeit ausgeführt werden.

Material
- Papier DIN A3
- Dispersionsfarbe (rot, gelb, blau, schwarz, weiß)
- Pinsel
- Wasserbehälter
- Paletten zum Mischen
- Stifte (Bleistifte, Buntstifte, Filzstifte usw.)
- Zeitungspapier zum Abdecken der Tische
- Tesakrepp
- Küchenpapierrolle
- Plastiksack

Durchführung   Die Teilnehmer erhalten die notwendigen Malutensilien und malen auf ihr Papier, was der Trainer diktiert:

»Malen Sie   einen roten Kreis,
eine blaue senkrechte Linie,
einen schwarzen Punkt,
ein gelbes Dreieck,
eine grüne diagonale Linie
(gelbe und blaue Farbe gemischt ergibt grün),
eine blaue waagerechte Linie.«

Das Wo und Wie auf dem Papier spielt keine Rolle. Aus den Formen und Linien malen die Teilnehmer dann ihr Fantasiebild.

Diese Übung soll Spaß machen und entspannen, um den Kopf frei zu bekommen für ein neues Seminarthema oder ein weiterer Seminarabschnitt.

Das Poster

Dauer

Ungefähr drei Stunden.

Ziel

Entspannung, Anregung der Fantasie.

Beteiligte

Die Gesamtgruppe beträgt bis zu 15 Personen, die die Übung in Einzelarbeit durchführen.

Material

- ❖ Farbiges Poster etwa in der Größe von DIN A3.
- ❖ Papier DIN A3
- ❖ Dispersionsfarbe (rot, gelb, blau, schwarz, weiß)
- ❖ Pinsel
- ❖ Wasserbehälter
- ❖ Paletten zum Mischen
- ❖ Zeitungspapier zum Abdecken der Tische
- ❖ Tesakrepp, Küchenpapierrolle, Plastiksack
- ❖ Stifte (Bleistifte, Buntstifte, Filzstifte usw.)
- ❖ Scheren und Klebestifte

Durchführung

Jeder Teilnehmer erhält ein Blatt Papier in der Größe DIN A3 sowie die Malutensilien. Aus einem farbigen Poster schneidet sich dann jeder Teilnehmer ein bierdeckelgroßes Stück heraus. Dieses wird an einer beliebiger Stelle auf das Papier geklebt. Das aufgeklebte Posterteil ist der Ausgangspunkt für das Bild, welches frei hoch- oder querformatig gestaltet wird. Die Teilnehmer lassen sich von dem Ausschnitt inspirieren und beginnen in der Regel die Farben zu mischen, die auf dem Posterstück zu finden sind. Der kreative Prozess beginnt mit der Auseinandersetzung der Farben, Ideen werden freigesetzt, und die Fantasie hat ihren Raum. Meditationsmusik unterstützt diese Übung.

Die fertigen »Poster« werden aufgehängt. Die Erfahrungen aus dem Prozess können im Plenum ausgetauscht werden.

Ergänzende Übung

Ergänzend können die Teilnehmer zum Abschluss ihrem Poster einen Titel geben, sodass es beispielsweise einem Werbeplakat gleicht. Hierzu muss ein Platz auf dem Plakat und die entsprechende Schrift gefunden werden.

Der kleine Prinz (Antoine de Saint-Exupéry)

Dauer	Etwa vier Stunden sind für dieses Thema einzuplanen.
Ziel	Wahrnehmung, Stressabbau (bei längeren, mehrtägigen Seminaren).
Beteiligte	Die Gesamtgruppe umfasst etwa 16 Personen. Die Übung selbst wird als Einzel- und Gruppenarbeit ausgeführt.

Material

❖ Papier DIN A3
❖ Dispersionsfarbe (rot, gelb, blau, schwarz, weiß)
❖ Pinsel
❖ Wasserbehälter
❖ Paletten zum Mischen
❖ Stifte (Bleistifte, Buntstifte, Filzstifte usw.)
❖ Zeitungspapier zum Abdecken der Tische
❖ Tesakrepp, Küchenpapierrolle, Plastiksack

Durchführung

Während eines mehrtägigen Seminars liest der Trainer zwischendurch zur Entspannung Geschichten aus dem berühmten Buch vom »kleinen Prinzen«. Zum Ende des Seminars bekommen die Teilnehmer Papier und Farbe und malen einen Zyklus ihrer Wahl aus dem Buch, so wie sie ihn empfunden haben.

Zum Abschluss werden die Bilder aufgehängt, und die Teilnehmer erzählen, weshalb sie diese Geschichte ausgesucht haben und welche Gedanken sie daraus mitnehmen.

Variante

Variante 1: Möchte ein Trainer beispielsweise aus Zeitgründen nur eine Geschichte vorlesen, besteht ebenfalls die Möglichkeit hierüber ein Bild zu malen.

Variante 2: Als Gemeinschaftsarbeit kann ein Bilderzyklus entstehen, bei dem in Einzel- oder Gruppenarbeit jeder sich auf ein Thema konzentriert. Die Bilder werden zusammengehängt und ergeben dann ein Gemeinschaftswerk.

Anmerkungen

Die Bücher »Johannes« von Heinz Körner und »Momo« von Michael Ende eignen sich gleichermaßen für diese Seminararbeit.

Warme Farben kämpfen gegen kalte Farben

Dauer	Drei bis vier Stunden.
Ziel	Kommunikation, Kooperation, Umgang mit Aggression, prozessorientierte Gruppenarbeit.
Beteiligte	Für diese Gruppenarbeit mit nicht mehr als je 6 Personen sollte die Gesamtgruppe nicht größer als 12 Personen sein.

Material

- ❖ Packpapierrollen (etwa 130 cm breit)
- ❖ Dispersionsfarbe (rot, gelb, blau, schwarz, weiß)
- ❖ Pinsel
- ❖ Wasserbehälter
- ❖ Paletten zum Mischen
- ❖ Stifte (Bleistifte, Buntstifte, Filzstifte usw.)
- ❖ Zeitungspapier zum Abdecken der Tische
- ❖ Tesakrepp
- ❖ Küchenpapierrolle
- ❖ Plastiksack

Durchführung

An einer Wand werden zwei Bogen Packpapier mit Tesakrepp befestigt. Steht keine ausreichende Wandfläche zur Verfügung können Pinwände nebeneinander gestellt werden. Die Teilnehmer werden dann in zwei Gruppen aufgeteilt. Eine Gruppe malt mit kalten Farben, die andere mit warmen Farben. In einer halbstündigen Diskussion einigen sich die Kleingruppen über:

- – Was verstehen sie unter kalten bzw. warmen Farben?
- – Welche Formen passen zu den Farben?
- – Wie können Formen und Farben kämpferisch auf dem Bild eingesetzt werden?

Die Teilnehmer mischen die entsprechenden Farben und beginnen schweigend mit dem Malen, jede Gruppe auf ihrem Papierbogen. Ob die Teilnehmer gleichzeitig oder nacheinander malen, entscheiden die Gruppenmitglieder untereinander. Sie haben hierfür eine Stunde zur Verfügung. Im Abschlussplenum erzählen die Teilnehmer, wie es ihnen beim Malen gegangen ist.

Ergänzende Übung   Es wird ein weiteres Bild gemalt, bei dem die Gruppen die Farben wechseln.

Anmerkungen   Achtung! Da die Farbe an der Wand herunterlaufen kann, sollte unter das Malpapier, an der Wand sowie auf dem Boden, Zeitungs- oder Packpapier mit Tesakrepp festgeklebt werden.

Ich habe oft die Erfahrung gemacht, dass die Teilnehmer am Abend nach dem Seminar an den Bildern weitergearbeitet haben.

Malen nach Musik

Dauer Ein bis zwei Stunden.

Ziel Entspannung, Meditation, Selbstwahrnehmung.

Beteiligte Die Gesamtgruppe umfasst etwa 15 Personen. Die Übung selbst wird als Einzelarbeit ausgeführt.

Material
- ❖ Papier DIN A3
- ❖ Dispersionsfarbe (rot, gelb, blau, schwarz, weiß)
- ❖ Pinsel
- ❖ Wasserbehälter
- ❖ Paletten zum Mischen
- ❖ Zeitungspapier zum Abdecken der Tische
- ❖ Tesakrepp
- ❖ Küchenpapierrolle
- ❖ Plastiksack

Durchführung Die Teilnehmer erhalten die Malutensilien. Der Trainer legt seine mit unterschiedlichen Musikstücken (beispielsweise Rock, Walzer, Märsche) bespielte Kassette in den Rekorder.

Zu dieser Musik lassen die Teilnehmer ihren Pinsel auf dem Papier tanzen. Die Farbwahl sollte vom persönlichen Empfinden gesteuert werden. Für diese Übung sollte mindestens eine halbe Stunde zur Verfügung stehen. Die Auswahl der Musik richtet sich nach der Seminarsituation.

Diese Übung soll Spaß machen und entspannen, um den Kopf frei zu bekommen für ein neues Seminarthema. Im Plenum berichten die Teilnehmer anschließend kurz über ihre Erfahrungen bei dieser Übung.

Anmerkungen Bei der Auswahl der unterschiedlichen Musikstücke berücksichtige ich meist auch das Alter der Teilnehmer. Außerdem überlege ich, was ich mit der Musik erreichen will. Bei inaktiven Gruppen oder wenn viel Theorie vermittelt wurde, nehme ich eine sehr rhythmische, schnelle Musik, um Aktion in die Gruppe zu bringen. Bei lebhaften Teilnehmern dagegen bevorzuge ich eine Kassette mit einer Mischung von Meditationsmusik, vom Meeresrauschen bis zum Vogelgezwitscher. Jedoch ist das nicht obligatorisch, da für mich die Gruppensituation ausschlaggebend ist. Aus diesem Grund habe ich immer verschiedene Kassetten für diese Übung dabei.

Beispielsituation

Bei einem theoretischen Seminar, bei dem keine richtige Mitarbeit der Teilnehmer aufkam und gleichzeitig das Altersgefälle sehr groß war, legte ich diese Übung ein mit fetziger Musik von Rock bis zum schnellen Walzer. Zu meiner Überraschung tauten die Teilnehmer so auf, dass sie den Pinsel liegen ließen und anfingen zu tanzen. In jeder Pause musste ich diese Kassette wieder auflegen, und nach dem Seminar machte sich jeder eine Kopie der »Seminarmusik«.

Dialog im Malen

Dauer	Ungefähr eine Stunde.
Ziel	Kommunikation, prozessorientierte Selbst- und Fremdwahrnehmung, gesteuerter Dialog.
Beteiligte	Bei dieser Partnerarbeit eignet sich für die Gesamtgruppe die gerade Zahl von 16 Personen.

Material

- ❖ Papier DIN A3
- ❖ Dispersionsfarbe (rot, gelb, blau, schwarz, weiß)
- ❖ Pinsel
- ❖ Wasserbehälter
- ❖ Paletten zum Mischen
- ❖ Zeitungspapier zum Abdecken der Tische
- ❖ Tesakrepp, Küchenpapierrolle, Plastiksack

Durchführung

Jeder Teilnehmer sucht sich einen Partner, mit dem er zusammen malen möchte. Die Paare holen sich die Malutensilien und die Farben ihrer Wahl. Sie legen das Papier zwischen sich und setzen sich gegenüber. Die Aufgabe heißt: »Malen sie aufeinander zu, miteinander weiter und dann aneinander vorbei.«

Schweigend malen die Teilnehmer gleichzeitig, aus ihrer Sitzposition heraus, an dem Bild. Sie haben hierzu etwa eine halbe Stunde Zeit.

Anschließend erzählen sich die Partner, was sie beim gemeinsamen Malen wahrgenommen haben. Im Plenum werden die Erfahrungen ausgetauscht.

Variante

Die Teilnehmer malen ohne Vorgabe im Wechsel an dem Bild und kommen so zu einer nonverbalen Kommunikation.

Anmerkungen

Als Auswertungshilfen bieten sich an:

- – Hat es gestört, dass der Partner in das Bild hineingemalt hat?
- – Wer konnte zusammen einen guten Übergang finden?
- – Können sich die Paare mit ihrem Bild identifizieren?

Fantasiewörter

Dauer
Ein bis zwei Stunden.

Ziel
Entspannung, Meditation, Anregung der Fantasie.

Beteiligte
Die Gesamtgruppe umfasst etwa 15 Personen. Die Übung selbst wird als Einzelarbeit ausgeführt.

Material
- ❖ Papier DIN A4
- ❖ Dispersionsfarbe (rot, gelb, blau, schwarz, weiß)
- ❖ Pinsel
- ❖ Wasserbehälter
- ❖ Paletten zum Mischen
- ❖ Zeitungspapier zum Abdecken der Tische
- ❖ Tesakrepp
- ❖ Küchenpapierrolle
- ❖ Plastiksack

Durchführung
Die Teilnehmer erhalten die Malutensilien. Der Trainer sagt ein Nonsenswort, welches nichts ausdrückt und unter dem sich keiner etwas vorstellen kann: beispielsweise »kivanana«. Spontan soll dazu in ungefähr zehn Minuten ein Fantasiebild gemalt werden. Dann nennt der Trainer ein weiteres Wort beispielsweise »gadinop«. Auf ein neues Blatt malen die Teilnehmer wieder ein spontan aufsteigendes Bild.

Die Teilnehmer werden durch die unrealistischen Wörter frei für einen persönlichen Ausdruck und können sich so in den kreativen Prozess begeben. Diese Erfahrungen werden anschließend im Plenum ausgetauscht.

Diese Übung soll Spaß machen und entspannen, um den Kopf frei zu bekommen für ein neues Seminarthema.

Anmerkungen
Bei den Fantasieworten spielt der Klang der Worte eine wichtige Rolle für die bildnerische Umsetzung des aufsteigenden Bildes.

Papier

Geschichte

Vor Jahrtausenden benutzten die Menschen Stein, Ton, Blätter, Holz, Wachs und Tierhäute als Schriftträger. Zu den Vorläufern des Papiers zählen Papyrus, das dem Papier seinen Namen gab, und Pergament. Papyrus ist ein Geflecht aus dem Mark der Papyrusstaude, die im sumpfigen Niltal angebaut wurde. Pergament, benannt nach der Stadt Pergamon, besteht dagegen aus enthaarten, geglätteten Tierhäuten, hauptsächlich von Schafen, Ziegen und Kälbern. In einigen Ländern wurden Tafeln aus Buchenholz beschrieben. Davon soll sich das Wort Buch ableiten. Auch Baumrinde diente als Beschreibstoff.

Die Erfindung des Papiers im heutigen Sinn wird dem Chinesen Tsai Lun im Jahre 105 n. Chr. zugeschrieben. Die Kunst der Papierherstellung gelangte erst 1.000 Jahre später über den Orient und Nordafrika in den europäischen Kulturkreis. 1390 wurde in Deutschland die erste Papiermühle in Nürnberg gegründet. Mit der Erfindung der Drucktechnik durch Johannes Gutenberg breitete sich die Papierherstellung weiter aus.

Beschreibung der Technik

Papier ist im Wesentlichen ein Erzeugnis aus mechanisch oder chemisch freigelegten Pflanzenfasern, die unter Zusatz von Hilfs- und Füllstoffen auf dem Sieb der Papiermaschine zur Blattform verarbeitet werden. Das Grammgewicht beträgt im Allgemeinen bis 150g/qm. Während früher zum Beispiel für die Herstellung handgeschöpften Büttenpapiers als Rohstoff zerfaserte Leinen- oder Baumwollgewebe dienten, wird heute an Stelle der teuren Gewebe häufig Zellfaserstoff verwendet.

Die Faserstoffe stellen etwa 70 Prozent des Anteils an der Papiermasse. Sie bestimmen hauptsächlich die Qualität des Papiers. Zugesetzt werden außerdem Füllstoffe (zum Beispiel Kaolin und Kreide), die die Zwischenräume zwischen den Papierfasern füllen und Unebenheiten in der Papieroberfläche ausgleichen. Sie verbessern die Bedruckbarkeit und machen außerdem das Papier weniger durchsichtig. Der Papiermasse werden zudem Leime auf Harzbasis beigemengt, um die Fasern zu verkleben. Eine Oberflächenleimung mit Stärke-, Tier- und Pflanzenleimen macht Papiere tintenfest und besser bedruckbar. Der wichtigste Hilfsstoff bei der Papierherstellung ist das Wasser. Fertiges, getrocknetes Papier kann noch vier bis sechs Prozent Wasser enthalten.

Der Papierbrei wird auch zur Herstellung von Gegenständen, beispielsweise von Tellern oder Schachteln, verwendet. In Japan wird Papier zudem als leichtes Baumaterial für Wände eingesetzt.

Nicht nur Papier, sondern auch Karton (150 bis 600g/qm) und Pappe (über 600g/qm) eigenen sich sehr gut zum kreativen Gestalten.

Zielsetzung

Die Seminarteilnehmer sollen erfahren, wie es ist, mit einfachem Papier im kreativen Prozess zu fantasieren, zu experimentieren, es neu und unkonventionell wahrzunehmen, neue Lösungswege zu finden. Es soll möglichst kein konkreter Gegenstand entstehen. Wichtig ist der Prozess.

Einzel-, Paar- und Gruppenarbeit

Der Einsatz dieser Technik eignet sich besonders für Einzelarbeiten. Einige Beispiele für Gruppenarbeiten, die besonders auf das Teamwork zielen, stelle ich ebenfalls vor.

Erfahrungen mit dem Einsatz dieser Technik

Die Teilnehmer sind immer wieder erstaunt, was man alles mit einem einfachen Blatt Papier machen kann. Das notwendige Papier ist fast immer vorhanden, und der Zeitaufwand ist sehr gering, aus diesem Grund setze ich die meisten Übungen oft spontan ein.

Papier: Vorbereitung und Planung

Dauer

Das Arbeiten mit Papier ist nicht zeitaufwändig. Je nach Thema kann man Arbeiten mit Papier kurzfristig im Seminarablauf einplanen.

Gruppengröße

Für die Übungen hat sich eine Teilnehmerzahl von 14–16 Personen bewährt. Bei einigen Themenbeispielen, beispielsweise bei Entspannungen oder Einführungsmethoden, kann diese Zahl auch unterschritten werden.

Seminarraum

An den Seminarraum werden keine besonderen Anforderungen gestellt. Ein Kassettenrekorder bzw. ein CD-Player sollte für die Musik einsatzbereit sein.

Material

* ❖ Papier DIN A3 oder DIN A4
* ❖ Scheren
* ❖ Klebestifte: beispielsweise Pritt-Stift, Uhu, technicoll
* ❖ bunte Filzstifte oder alternativ: Bleistifte, Kugelschreiber, Buntstifte
* ❖ Tesakrepp: 3 cm breit zum Aufhängen der Arbeiten
* ❖ Arbeitsblätter, sofern im Themenbeispiel vorgesehen

Ablauf

Besonders beim Arbeiten mit Papier muss darauf hingewiesen werden, dass es um den experimentellen Lösungsweg und nicht um ein Produkt geht! Ich lege Wert darauf, dass während des Arbeitsprozesses Ruhe im Raum herrscht. In Absprache mit den Teilnehmern spielt im Hintergrund leise Entspannungsmusik. Die zur Verfügung stehende Zeit ist bekannt. Die Teilnehmer sollten darüber informiert werden, dass es keine Interpretationen und Beurteilungen der Arbeiten geben wird!

Die Teilnehmer erhalten das erforderliche Papier und setzen sich im kreativen Prozess mit dem Thema auseinander. Je nach Übung stehen Scheren, Stifte und Kleber zur Verfügung.

Im Abschlussplenum besteht für die Teilnehmer die Möglichkeit, über den Arbeitsprozess zu berichten. Die Teilnehmer können ihre Arbeit mit nach Hause nehmen, um sie gegebenenfalls im Familien- oder Freundeskreis zu zeigen.

Anmerkungen

❖ Als Tipp möchte ich Ihnen mitgeben: Da man sich an Papier leicht schneidet, sollte immer Pflaster bereitliegen!

❖ Auswertungshilfen: Um eine gezielte Abschlussbesprechung zu erreichen, werden zur Unterstützung bei verschiedenen Übungen Auswertungshilfen gegeben.

❖ Erfahrungen: Bei der Seminareinladung bitte ich oft die Teilnehmer, das erforderliche Material selber mitzubringen. Dies schließt jedoch nicht aus, dass ich genügend Stifte, Papier usw. dabeihabe.

Nur ein Blatt Papier

Dauer   Etwa 30 Minuten.

Ziel   Einstiegsmethode, Schärfung der Wahrnehmung, Problemlösung, Ideen-
                   findung.

Beteiligte   Diese Übung kann als Einzelarbeit mit jeder Gruppengröße durchgeführt
                   werden.

Material   ❖ Papier DIN A4
                   ❖ Scheren
                   ❖ Klebstoff
                   ❖ bunte Filzstifte, alternativ: Bleistifte, Kugelschreiber, Buntstifte

Durchführung   Alle Teilnehmer erhalten einen einzelnen Bogen Papier. Scheren, Kleb-
                   stoff und Stifte können, müssen aber nicht verwendet werden. Jeder
                   nimmt erst einmal das Papier wahr: »Wie sieht es aus?«, »Wie fühlt es
                   sich an?«, »Wie riecht es?« Aus dem Bogen Papier soll etwas entstehen,
                   was den Teilnehmern gerade einfällt, möglichst kein konkreter Gegen-
                   stand. Auch ein Flieger kann beispielsweise im schöpferischen Prozess
                   neue Formen annehmen. Das Experimentieren mit dem Material steht im
                   Vordergrund. Benötigt ein Teilnehmer »unbedingt« einen weiteren Bo-
                   gen, so kann dieser zur Verfügung gestellt werden. Für die Arbeit stehen
                   fünfzehn Minuten zur Verfügung.

                   Danach stellt jeder seine Arbeit im Plenum vor und erzählt, wie es ihm
                   bei der Ideenfindung gegangen ist.

Anmerkungen   In meiner Seminararbeit erlebe ich immer wieder, wie groß der Überra-
                   schungseffekt bei den Teilnehmern ist, was man alles mit einem Bogen
                   Papier machen kann.

Namenskarten

Dauer	Ungefähr eine halbe Stunde.
Ziel	Einstiegsmethode, Entspannung.
Beteiligte	Die Gesamtgruppe umfasst etwa 15 Personen. Die Übung wird als Einzelarbeit durchgeführt.
Material	❖ Papier DIN A4 ❖ Scheren
Durchführung	Die Teilnehmer erhalten einen Bogen Papier, aus dem sie, angelehnt an die alte Kunst des Papierfaltens Origami, ein Fantasietier falten sollen. Bei der Gestaltung der Körper sind alle manuellen Techniken neben dem Falten wie Rollen, Klappen, Einstecken und Einschneiden des Papiers möglich. Hierzu haben sie 15 Minuten zur Verfügung. Das Experimentieren mit dem Material steht im Vordergrund. Die Fantasietiere bekommen von den Teilnehmer einen Namen, der auf die eine Seite geschrieben wird. Auf der anderen Seite steht der Teilnehmername. Mit diesem Tier stellt sich jeder vor und erzählt, wie es ihm bei der Gestaltung gegangen ist.
Anmerkungen	Diese Übung ist eine reizvolle Einstiegsmethode, die oft Begeisterung auslöst. Außerdem lassen sich so die Namen der Teilnehmer leichter behalten. Da keine Vorbereitung für die Übung notwendig ist, setze ich sie auch als Entspannung in Seminaren ein.

Schönes aus Papier

Dauer	Eine halbe bis eine ganze Stunde.
Ziel	Einstiegsmethode.
Beteiligte	Bei dieser Einzelarbeit empfehle ich eine Gruppengröße von etwa 15 Personen.
Material	❖ Papier DIN A4 (je Person mindestens drei Bogen) ❖ Scheren ❖ Klebstoff ❖ bunte Filzstifte, alternativ: Bleistifte, Kugelschreiber, Buntstifte

Durchführung

Alle Teilnehmer sitzen um einen Tisch. Jeder erhält drei Blatt Papier. Die Aufgabenstellung lautet: »Stellen Sie aus diesen drei Blättern etwas Schönes her, etwas, was sie als schön empfinden.« Scheren, Klebstoff und Stifte können, müssen aber dabei nicht verwendet werden. Die Verwendung weiterer Blätter lasse ich mir in der Regel vom Teilnehmer begründen.

Wenn alle fertig sind, wird jeder aufgefordert, etwas zu seinem »Produkt« zu sagen:

- Warum er es als schön empfindet – oder auch nicht.
- Wo und warum er eventuell seine Vorstellungen nicht verwirklichen konnte.
- Welche der anderen »Produkte« ihm auch – oder nicht – gefallen.

Daraus sollte eine Verständigung darüber entstehen,

- ob es in dieser Gruppe so etwas wie eine »gemeinsame Ästhetik« gibt;
- wer welche Technik oder Fertigkeit bereits beherrscht oder lernen will und warum;
- in welcher Weise die eventuell jeweils unterschiedlichen Lernwünsche »unter einen Hut« gebracht werden können.

Bei den Stellungnahmen zu den Arbeiten lassen sich leicht Hinweise und Anregungen anfügen, die allmählich das Spektrum von Gestaltungsmöglichkeiten und Techniken entfalten helfen.

Anmerkungen

Aus meinen Erfahrungen kann ich berichten, dass sich nach anfänglicher Abwehr gegenüber der zunächst abstrakt erscheinenden Aufgabenstellung schnell Aktivität einstellt. Häufig wird dabei allerdings auf bereits bekannte Muster zurückgegriffen, zum Beispiel Flieger und Falttiere. Diese Übung verwende ich gerne in Seminaren als Einstieg zu größeren Arbeiten, beispielsweise dem Objektbau, um eventuelle Blockaden abzubauen und die Experimentierfreude zu wecken.

Die »gerissenen« Köpfe

Dauer	Etwa eine halbe Stunde.
Ziel	Einstiegsmethode, Entspannung.
Beteiligte	Die Einzelarbeit kann mit einer Gesamtgruppe von ungefähr 15 Personen durchgeführt werden.

Material

❖ Papierbogen DIN A4 weiß und farbig, je Teilnehmer einen sowie Reserveblätter
❖ Klebestifte

Durchführung

Die Teilnehmer erhalten einen Bogen Papier, welcher zu einem Oval gerissen wird, ohne dabei auf Genauigkeit zu achten. Für die Augen werden im oberen Drittel zwei Stückchen Papier herausgerissen, die für die Ohren verwendet werden können. Jetzt könnte man einfach weitere Löcher für Mund und Nase reißen, jedoch soll das mit der Übung nicht erreicht werden.

Ausdrucksvoller werden die »Gesichter«, wenn sie »gespalten« werden. Das heißt, mit einem Stift, am besten Bleistift, wird auf das Oval eine Profillinie leicht skizziert. Entlang dieser Linie wird das Papier vorsichtig gerissen. Der Mund entsteht durch einen Querriss. In der Regel wird der Riss von oben nach unten vorgenommen, sodass das Kinn ganz bleibt. Es ist aber auch möglich den Riss von unten anzusetzen, sodass die Stirn zusammenhängend bleibt.

Durch vorsichtiges Auseinanderziehen und Falten entsteht der Kopf, welcher sofort auf farbiges Papier aufgeklebt wird. Dafür stehen 15 Minuten zur Verfügung.

Mit ihren »gerissenen« Köpfen stellen sich die Teilnehmer vor und erzählen, wie es ihnen bei der Gestaltung gegangen ist.

Anmerkungen

Diese Einstiegsübung wird mit großer Begeisterung aufgenommen und ausgeführt, das hat oft zur Folge, dass die Zeitbegrenzung als lästig empfunden wird, da die Teilnehmer noch so viele Ideen haben.

Da für die Übung keine Vorbereitung notwendig ist, kann man sie auch gut als Entspannung in Seminaren einsetzen.

Diese Übung kann auch mit Zeitungspapier gemacht werden. Ich nehme für den Untergrund gerne schwarzes Papier, welches ich durch kopieren geschwärzt habe.

Stress-Maske

Dauer	Ungefähr eine halbe Stunde.
Ziel	Einstiegsmethode, Entspannung, Kommunikation, Schärfung der Wahrnehmung.
Beteiligte	Für diese Einzelarbeit kann die Gesamtgruppe etwa 15 Personen umfassen.
Material	❖ Papier DIN A4 weiß und farbig ❖ Klebestifte ❖ Scheren ❖ eine Rolle dünnes Gummiband
Durchführung	Die Teilnehmer bekommen die Aufgabe, aus nur einem Bogen Papier eine Maske zu erstellen. Es muss sich dabei nicht um eine ganze Gesichtsmaske handeln, es kann eine Augenmaske sein, eine neue Nase, ein Bart oder große Ohren. Bei der Gestaltung sind alle manuellen Techniken wie Falten, Rollen, Klappen, Einstecken und Einschneiden des Papiers möglich. Die Teilnehmer bekommen etwa 15 Minuten Zeit. Damit die Masken aufgesetzt werden können, wird an geeigneter Stelle ein Gummiband angebracht. Die Teilnehmer können sich dann mit ihrer Maskierung vorstellen. Diese Übung eignet sich gleichermaßen zur Auflockerung. Zum Abschluss erzählen die Einzelnen, wie es ihnen bei der Gestaltung gegangen ist.
Ergänzende Übung	Mit den Masken kann ein Rollenspiel entwickelt werden. Weiteres können Sie im Kapitel »Masken« nachlesen.
Anmerkungen	Ich erlebe oft, dass die Teilnehmer zusätzlich meine Filzstifte verwenden, um den Ausdruck noch zu steigern.

Ich, der Abteilungsleiter

Dauer	Ungefähr eine halbe bis eine ganze Stunde.
Ziel	Blitzlicht, Selbstwahrnehmung, Einstiegsmethode.
Beteiligte	Diese Einzelarbeit kann mit etwa 15 Personen durchgeführt werden.

Material

❖ Papier DIN A4
❖ Scheren
❖ Klebstoff
❖ Stifte

Durchführung

Die Teilnehmer erhalten einen Bogen Papier, Schere, Klebstoff und Stifte. Sie sollen sich vorstellen, dass der Bogen ihre Abteilung darstellt. Wo und wie stellen sie sich auf dem Papier als Leiter dar? Es kann geschnitten, gerissen, geformt und unterstützend gezeichnet werden. Da diese Arbeit sehr spontan ausgeführt werden soll, lasse ich die Teilnehmer maximal 15 Minuten arbeiten.

Jeder stellt anschließend seine Arbeit im Plenum vor und erzählt, wie es ihm bei der Darstellung der persönlichen Arbeitssituation als Leiter eines Mitarbeiterteams gegangen ist.

Diese Übung ist eine Alternative zu kurzen, verbalen Statements (»Blitzlicht«), bei denen sich die Teilnehmer oft überfahren fühlen, und der Kartenabfrage.

Plastische Körper

Dauer	Zwei Stunden.
Ziel	Teamwork, Ideenfindung, Kooperation, Problemlösung.
Beteiligte	Die Gesamtgruppe umfasst für diese Gruppenarbeit ungefähr 16 Personen.

Material

❖ Papierstreifen aus Zeichen- oder Fotokarton (Aus DIN A3-Bogen werden aus der Längsseite etwa zwei cm breite Papierstreifen geschnitten. Dies geht sehr schnell mit einer Papierschneidemaschine. Je Gruppen- oder Einzelarbeit werden mindestens 20 Streifen benötigt.)
❖ Scheren, Klebstoff

Durchführung

Die Gruppe unterteilt sich in Kleingruppen, an die der Trainer die vorbereiteten Streifen und das weitere Material verteilt. Um einen plastischen Körper zu erstellen, sind die Streifen zu drei- oder viereckigen Bauelementen zu falten und zusammenzukleben. Aus diesen Elementen soll durch Zusammenkleben oder Ineinanderstecken ein plastischer Körper entstehen. Schlitze, die bis zu einem Zentimeter in die Bauelemente eingeschnitten werden, ermöglichen das Prinzip des Steckbaukastens. Aus Gründen der Stabilität können auch Teile mit Klebstoff fixiert werden. Ein leichtes Versetzen beim Aufbau führt zu Spiralstrukturen. Ist die gemeinsame Arbeit beendet, sollten die Teilnehmer ihrem Objekt einen Namen geben.

Jede Gruppe bestimmt einen Protokollführer, der im Plenum über den Arbeitsprozess innerhalb der Gruppe berichtet.

Anregend ist ein Wettbewerb unter den Gruppen. Hierbei besteht die Jury aus einem Mitglied jeder Gruppe. Die Kriterien sind:

– Originalität im Bau,
– Inhalt,
– Realisierung und Ausführung,
– Originalität bei der Benennung des Objektes.

Die Jury hat zur Beurteilung zehn Minuten zur Verfügung, um dann das Ergebnis im Plenum mitzuteilen.

Anmerkungen

Als Tipp möchte ich Ihnen mitgeben:

– Farbiges Papier belebt die Arbeit!

Folgende Auswertungshilfen haben sich bewährt:
– Wie ist die Gruppe im Teamwork mit dem Thema umgegangen?
– Wie war der Ablauf von der ersten Idee bis zur Fertigstellung des plastischen Körpers?
– Welche Erfahrungen wurden mit dem Material gemacht?
– Welche realistischen Ideen oder Lösungswege sind bei der Arbeit gekommen?
  (Hierbei bietet sich eine Abfrage mit Pinkarten an, um eventuell an den Ideen und Lösungen weiterzuarbeiten.)

Collage

Geschichte

Das Wort Collage kommt aus dem Französischen und bedeutet aus Papier, Fotos oder anderen Materialien geklebtes Bild. Als Produkte von Kunsthandwerk, Volks- und Liebhaberkunst blieben diese Arbeiten in den vergangenen Jahrhunderten am Rande der bildenden Kunst. Erst ab dem 20. Jahrhundert wurde die Collage zu einem neuen gültigen Ausdrucksmittel vieler Künstler.

Die Collage wurde bekannt mit den »Papier collés« der Kubisten, die 1909–1912 von Pablo Picasso und Georges Braque entwickelt wurden. Meist handelt es sich um Stillleben, in die reale oder gemalte Tapetenstücke und Wachstuchreste »eingebaut« wurden. Später schufen Picasso und Braque auch reliefartige Collagen aus gefaltetem Papier, Holz- und Blechteilen.

Die »Papier collés« wurden von den Futuristen übernommen und in Form von Zeitungsmontagen zur Steigerung der optischen Wirkung von Wort und Schrift verwendet. Während die Künstler des Konstruktivismus die Collage in erster Linie zu Formexperimenten heranzogen, wurden sie im Dadaismus zu einem provokativ-agitatorischen Medium.

Vor allem die Sonderform »Fotomontage« wurde bei Künstlern, wie beispielsweise Georg Grosz und John Heartfield, zu einem politischen Ausdrucksmittel.

Diese Technik entwickelte sich in den letzten Jahrzehnten im Rahmen der abstrakten Kunst weiter und findet viele Anhänger, unter anderem Joseph Beuys, Robert Rauschenberg mit seinen »Combine Paintings«, Michelangelo Pistoletto, Franz Erhard Walther. Sie ist ein wichtiger Bestandteil der Kunst unserer Zeit.

Beschreibung der Technik

Diese Technik ist sehr zeitaufwändig. Aus Zeitungen, Zeitschriften oder Prospekten, aber auch aus verschiedenen anderen Materialien werden entsprechend dem Thema Bilder auf Papier geklebt: »Collagen«. Auch mit Wörtern oder Zeitungsspalten können Collagen entstehen. Es besteht zudem die Möglichkeit, eine Collage mit einer Zeichnung, einem Gemälde oder etwas Geschriebenem zu verbinden.

Zielsetzung

Besonders bei der Collage besteht durch den langen kreativen Prozess die Möglichkeit zu experimentieren, zu verändern und zu einer neuen Aussage zu kommen. Es ist für viele Teilnehmer einfacher, aus dem vorhandenen Material zu schöpfen und dann zu zeichnen und zu malen.

Einzel-, Paar- und Gruppenarbeit

Bei Gruppenarbeiten treten die klassischen Faktoren eines jeden Teamworks auf. Die richtige Kommunikation steht im Vordergrund. Trainiert wird die Form der Zusammenarbeit, die Rolle der einzelnen Teilnehmer und die daraus resultierende Aussage im Bild.

Bei Kleingruppen und Paararbeiten ist es mir wichtig, dass die Teilnehmer die Partner selber aussuchen. Ich habe festgestellt, die Neugier auf einen anderen Teilnehmer befruchtet die Zusammenarbeit.

Die Einzelarbeiten in diesem Kapitel sind sehr arbeitsintensiv. Sie fordern die Teilnehmer und einen sensiblen, unterstützenden Trainer, der den kreativen Prozess wachsam begleitet (s. Kapitel »Der Trainer« Seite 12ff.).

Erfahrungen mit dem Einsatz dieser Technik

Der Einstieg in das Thema wird durch das Suchen und Sammeln des gewünschten Materials in den Zeitungen, Zeitschriften und Prospekten erleichtert, da dort viele Anregungen zu finden sind. Hierbei wird die Wahrnehmung besonders für das Detail geschärft. Das heißt auch, dass das Blickfeld beim Lesen von Zeitungen, Fachzeitschriften usw. erweitert wird.

Sonstiges

Ein weiterer Nebeneffekt besteht darin, dass Collagen beispielsweise der oben genannten Künstler anders gesehen werden und ein neues Verständnis bekommen.

Collage: Vorbereitung und Planung

Dauer

Da die Collage sehr zeitaufwändig ist, wird hierfür mindestens ein halber Seminartag benötigt.

Gruppengröße

Für die Übungen hat sich eine Teilnehmerzahl von 14–16 Personen bewährt.

Seminarraum

Der Seminarraum sollte mit genügend Arbeitsfläche, Tischbreite etwa ein Meter je Teilnehmer, ausgestattet sein.

Bei Gruppenarbeiten sollten Sie vorher abklären, ob weitere Räume genutzt werden können.

Pinwände, Wände sowie der Boden bieten sich für größere Arbeiten an. Es muss jedoch geklärt werden, ob eine geeignete Wandfläche für Gemeinschaftsarbeiten zur Verfügung steht!

Für die Hintergrundmusik sollte Sie einen Kassettenrekorder beziehungsweise einen CD-Player bereithalten.

Material

❖ Papier für den Untergrund. Es eignen sich für den Untergrund der Collage verschiedene Papiergrößen vom DIN A4-Bogen bis zum Packpapier. Die gewünschte Papiergröße kann auch durch Zusammenkleben mehrerer Bogen mit Tesakrepp erreicht werden.
❖ Tesakrepp (3 cm breit): Das Klebeband wird zum Aufhängen der Arbeiten benötigt.
❖ Klebestifte.

❖ Scheren.

❖ Zeitungen, Zeitschriften, Prospekte und Fotos: Die Auswahl richtet sich natürlich nach den Themenbeispielen. Sie soll die Arbeit anregend unterstützen.

❖ Filzstifte oder Wachsmalkreiden.

❖ Ein großer Plastiksack für die Abfälle.

❖ Arbeitsblatt zur Prozessanalyse, sofern es im Themenbeispiel vorgesehen ist.

Ablauf

Damit ein lebendiger Prozess entsteht, ist eine sensible Ein- und Hinführung zum Thema durch den Trainer unbedingt erforderlich. Dieses kann geschehen durch ein kurzes Plenumgespräch, Brainstorming, eine Fantasiereise, eine Kurzgeschichte und manchmal auch durch eine Meditation. Das Thema schreibe ich meist ans Flipchart.

Während des Arbeitsprozesses sollte Ruhe im Raum herrschen. In Absprache mit den Teilnehmern spielt im Hintergrund leise Entspannungsmusik. Die zur Verfügung stehende Zeit kennen die Teilnehmer, dennoch sollten Sie rechtzeitig darauf hinweisen, wenn diese Zeitspanne abläuft. Für mich ist es wichtig, den Teilnehmern vorher zu sagen, was mit ihren fertigen Bildern passiert. Sie müssen außerdem wissen, dass Interpretationen und Beurteilungen der Arbeiten ausgeschlossen werden! Bei Gemeinschaftsbildern dagegen gehört die Diskussion in der Gruppe nach der Materialsammlung zum Arbeitsprozess.

Der Prozess der Arbeit beginnt mit der Entscheidung, wie groß das Papier für den Untergrund sein soll. Jeder Teilnehmer sucht seinen Platz: ob am Tisch, an der Wand oder am Boden, das bleibt jedem selbst überlassen. In Gruppenarbeiten wird man sich natürlich vorher über den Ort einigen.

Aus dem Chaos der Zeitungen, Zeitschriften, Fotos und Prospekte, die in der Mitte des Raumes aufgetürmt sind, suchen die Teilnehmer ihre Bilder, Wörter, Farben usw., die sie für ihre Collage benötigen. Diese werden herausgerissen oder ausgeschnitten.

Beim Arrangieren der Ausschnitte stellen die meisten Teilnehmer oft fest, dass ihr Untergrund zu klein ist. Größeres Papier wird gesucht. Die Gestaltung der Collage kann dann beginnen.

Mit dem Kleben der Materialien sollte aber erst begonnen werden, wenn das Bild für den Teilnehmer bzw. die Gruppe in der Anordnung fertig ist. In die Collage kann zudem hineingezeichnet, gemalt und geschriebenen werden.

Wichtig ist es, der Gruppe bzw. den einzelnen Teilnehmern zu überlassen, wo das Bild im Raum aufgehängt werden soll. In der Regel möchten die Teilnehmer ihr Bild sichtbar vor Augen haben und hängen es an die gegenüberliegende Wand. Andere hängen es hinter sich, denn diese möchten lieber unter ihrem Bild sitzen.

Im Abschlussplenum besteht für die Teilnehmer die Möglichkeit, über den Arbeitsprozess zu berichten. Ich vermeide Interpretationen und versuche, diese auch bei den Teilnehmern auszuschließen!

Die Teilnehmer können ihre Werke mit nach Hause nehmen. Bei Gemeinschaftsarbeiten entscheidet die Gruppe, was mit dem Bild geschehen soll.

Ergänzende Übungen

Für Teilnehmer, die früher mit ihrer Collage fertig sind, ist es empfehlenswert, ergänzende Übungen bereitzuhaben.

Varianten

Für einige Übungen zeige ich auch Varianten.

Allgemeine Anmerkungen

- ❖ Kleidung: Die Teilnehmer können die Collage mit ihrer normalen Seminarkleidung erstellen, jedoch ist es ratsam, Jacketts auszuziehen, da vielleicht Klebstoff an den Ärmel kommen könnte.
- ❖ Tipps: Nach der Arbeit ist der Seminarraum übersät mit Papier. Gemeinsam mit den Teilnehmern wird der Abfall in einem großen Plastiksack verstaut. Das fördert zudem die Zusammenarbeit und die Gruppenverantwortung. Es hat sich nicht bewährt, vorher Papierkörbe aufzustellen.
- ❖ Protokollführung: Bei einigen Übungen empfiehlt es sich, Teilnehmer mit der Protokollführung zu beauftragen. Die Beobachtungen ergänzen die Abschlussbesprechung.

- ❖ Auswertungshilfen: Um eine gezieltere Abschlussbesprechung zu erreichen, gebe ich zu verschiedenen Übungen Auswertungshilfen.
- ❖ Oft bitte ich bereits in der Seminareinladung die Teilnehmer, das erforderliche Material (Klebstoff, Schere, die entsprechenden Zeitungen und Zeitschriften) selber mitzubringen. Dennoch habe ich stets selbst genügend Papier, Zeitungen usw. dabei.

Beispielsituationen

Einige Übungen ergänze ich zur Verdeutlichung durch Situationen aus meinem Seminaralltag.

Körperumrisse

Dauer   Ungefähr zwei Stunden.

Ziel   Einstiegsmethode, Kennenlernen, Kommunikation, Schärfung der Wahr-
                     nehmung.

Beteiligte   Diese Partnerübung kann, je nach Raumverhältnissen, ab einer Ge-
                     samtgruppe von acht Personen durchgeführt werden.

Material
- ❖ Packpapier (mindestens 1,20 m breit, etwa 2 m lang, je Person ein Bogen)
- ❖ Filzstifte, Tesakrepp, Scheren, Kleber
- ❖ Zeitungen, Zeitschriften

Durchführung   Zunächst werden Zweiergruppen gebildet. Ein Teilnehmer legt sich auf
                     das Packpapier, der andere Teilnehmer zeichnet mit Filzstiften den Um-
                     riss des Partners nach. Dabei stellen sich die beiden gegenseitig vor. Zum
                     Beispiel: Familienstand, Beruf, Kinder, Hobbys etc. Dann wechseln die
                     beiden ihre Position.

                     Wenn beide Umrisse fertig sind, werden sie ausgeschnitten. Die Silhou-
                     ette wird gefüllt mit für den Partner typischen Texten oder Sprüchen.
                     Hierzu werden passende Texte aus Zeitschriften, Zeitungen usw. gesucht
                     und aufgeklebt. Die Collage kann durch selbst geschriebene Texte er-
                     gänzt werden. Für den Namen muss ein passender Platz gesucht wer-
                     den, damit auch die anderen wissen, um wen es sich handelt. Die Umris-
                     se werden anschließend aufgehängt. (Von vielen wird es als witzig
                     empfunden, die Silhouetten im Seminarraum an eine Wäscheleine zu
                     hängen.) Im Plenum haben die Teilnehmer die Möglichkeit, über den
                     Prozess zu berichten.

Anmerkungen   Diese Auswertungshilfen gebe ich oft den Teilnehmern:

- – Was habe ich an dem anderen kennen gelernt?
- – Hat die Collage Spaß gemacht oder war sie eher unangenehm?
- – Wie sehen mich die anderen?

                     Nach meiner Erfahrung erfolgt noch mehr Interaktion in Vierergruppen.

Mein Gemeinschaftsbild

Dauer	Eine Stunde.
Ziel	Kommunikation, Schärfung der Wahrnehmung, Warming-up.
Beteiligte	Für diese Gemeinschaftsarbeit sollte die Gesamtgruppe nicht größer als 15 Personen sein.
Material	❖ Papier DIN A3 oder DIN A4
	❖ Scheren
	❖ Kleber
	❖ Zeitschriften, Zeitungen

Durchführung

Jeder Teilnehmer erhält einen Bogen Papier und eine Zeitung bzw. Zeitschrift. Auf die Rückseite des Papiers wird der Name geschrieben. Es wird nun nicht mehr miteinander gesprochen. Jeder klebt auf sein Papier nur einen Ausschnitt (Text, Bild usw.). Wenn alle mit dem Kleben fertig sind, werden die Blätter im Uhrzeigersinn an den nächsten Nachbarn weitergegeben. Dieser klebt einen weiteren Ausschnitt auf das vor ihm liegende Bild und so weiter, bis die Blätter einmal die Runde gemacht haben. Selbstverständlich ist es sinnvoll, wenn die Ausschnitte einen Bezug zueinander haben und eine Aussage. Der Teilnehmer muss die Texte und Inhalte der Zeitung bzw. Zeitschrift neu wahrnehmen und mit den Texten der Collage in Zusammenhang bringen. Wenn jeder sein Anfangsblatt wieder erhält, vervollständigt er die Collage mit einem weiteren Ausschnitt. Für das Bild überlegt sich nun jeder Teilnehmer einen Titel, den er auf die Collage schreibt.

Alle Blätter werden aufgehängt, und im Plenum werden die Erfahrungen ausgetauscht.

Offener Brief (Schriftencollage)

Dauer	Ungefähr vier Stunden.
Ziel	Kommunikation, Kooperation, Teamwork, Ideenfindung, Problemformulierung.
Beteiligte	Die Gesamtgruppe umfasst etwa 16 Personen. Die Übung wird in Kleingruppen mit drei bis vier Teilnehmern durchgeführt.

Material

- ❖ Papier für den Untergrund (verschiedene Papiergrößen vom Flipchart-Papier bis zum Pinwand-Papier)
- ❖ Tesakrepp
- ❖ Klebstoff
- ❖ Scheren
- ❖ Filzstifte
- ❖ Zeitungen, Zeitschriften, Prospekte usw.
- ❖ Stecknadeln aus dem Moderatorenkoffer
- ❖ für jede Gruppe sollte eine Pinwand zur Verfügung stehen

Durchführung

Der Adressat richtet sich in dieser Übung nach dem Seminarthema, in das der Trainer die Teilnehmer eingeführt hat. Beispielsweise kann im Verkaufstraining der »Offene Brief« an die Kunden gerichtet werden. Der Hinweis auf ähnlich konstruierte Briefe in Kriminalfilmen unterstützt die Einführung und regt die Fantasie der Teilnehmer an. Jede Gruppe bestimmt einen Protokollführer.

Bei dieser Schriftencollage, suchen die Teilnehmer Worte und Sätze aus den Zeitungen sowie Zeitschriften und gestalten einen Brief. Es entsteht eine Sammlung von Texten für den Brief, die mit Stecknadeln an einer Pinwand arrangiert und befestigt werden. Erst wenn die Gruppe entschieden hat, dass der Brief wirklich fertig ist, wird der Text anschließend auf das Papier geklebt.

Die Protokollführer berichten anschließend im Plenum über den Arbeitsprozess innerhalb der Gruppe. Was mit dem Brief geschehen soll, entscheidet die Gruppe.

Ergänzende Übung	Es besteht die Möglichkeit, einen Wettbewerb unter den Gruppen anzuregen. Die Jury kann aus einem Mitglied jeder Gruppe bestehen. Die Kriterien sind:

- Originalität,
- Inhalt,
- Umsetzung,
- Ästhetik.

Die Jury hat zu Beurteilung zehn Minuten zu Verfügung. Das Ergebnis wird im Plenum mitgeteilt.

Anmerkungen	Achtung: Es sollte unbedingt beachtet werden, dass im Seminarraum genügend Pinwände aufgestellt sind.

Als Auswertungshilfen bieten sich an:

- Wie ist die Gruppe mit dem Thema umgegangen?
- Wie war der Ablauf von der ersten Idee bis zur Fertigstellung des Briefes?
- Welche realistischen Ideen sind bei der Arbeit gekommen? Jede Idee wird auf einer Karte festgehalten und an der Pinwand gesammelt.
- Können Ideen verwirklicht werden?

Ich und die Stadt (Zeitungscollage)

Dauer	Mindestens vier Stunden.
Ziel	Schärfung der Wahrnehmung, Sensitivity-Übung.
Beteiligte	Für diese Einzelarbeit kann die Gruppe etwa 15 Personen betragen.

Material

- ❖ Papier für den Untergrund: verschiedene Papiergrößen vom DIN A4-Bogen bis zum Flipchart-Papier
- ❖ Tesakrepp
- ❖ Klebstoff
- ❖ Scheren
- ❖ Filzstifte
- ❖ Zeitungen, beispielsweise eignet sich DIE ZEIT sehr gut

Durchführung

Bei diesem Thema entsteht ein schwarzweißes Bild aus den Strukturen, die die Zeitung vorgibt. Zeitungsspalten, Fotos und Schrift regen zum Experimentieren an. Die Teilnehmer erstellen eine Collage über »*ihr* Bild von einer Stadt«. Hier sind im Thema alle Möglichkeiten offen: ausgehend von der Realität bis hin zu Visionen. Bevor die Teilnehmer sich auf das Papier stürzen, benötigen sie Ruhe und Zeit, um sich über ihre Vorstellungen Klarheit zu verschaffen. Die Collage soll sensibilisieren, genauer hinzuschauen und mit allen Sinnen wahrzunehmen.

Der Prozess der Arbeit beginnt mit der Entscheidung, wie groß das Papier für den Untergrund und ob das Bild waagerecht oder senkrecht sein soll. Mit dem Kleben der Materialien sollte erst begonnen werden, wenn der Bildaufbau beendet ist. Die Collage lässt sich auch mit Zeichnungen verbinden, beispielsweise mit Zäunen, Straßen usw.

Ist das »Stadtbild« abgeschlossen, wird es aufgehängt. Im Abschlussplenum haben die Teilnehmer die Möglichkeit, über den Arbeitsprozess zu berichten. Die Teilnehmer nehmen ihre Werke mit nach Hause, um diese gegebenenfalls im Familien- oder Freundeskreis zu zeigen.

Ergänzende Übung

Als ergänzende Übung kann ein Kontrastbild gezeichnet werden mit dem Thema: »Bei mir auf dem Land« oder »Das Bergdorf«.

Variante	Als Varianten empfehle ich Themen wie: »Großstadt«, »Wolkenkratzer«, »Die bedrohte Stadt«.
Anmerkungen	Dieses Thema setze ich gerne bei Seminaren ein, in denen Teilnehmer viel im Außendienst arbeiten oder sich beruflich in verschiedenen Städten aufhalten.
Beispielsituation	Die häufigen Versetzungen in verschiedene Städte führte bei einem Teilnehmer in der Auseinandersetzung mit diesem Thema dazu, dass er erst überlegen musste, an wie vielen Orten er bereits gelebt hatte. Er kam auf die Zahl neunzehn, für ihn anonyme Orte. Durch die Collage bekam er ein neues »Stadtbild«, es war eine Zusammenfassung seiner Eindrücke. Im Plenum wurde die Anonymität der Städte diskutiert, und es stellte sich heraus, dass die Umwelt auf Dienstreisen oft nicht wahrgenommen wird.
Bildbeispiel	

Zukunft/Fiktion (Papiermosaik aus Illustrierten)

Dauer   Ein halber bis ein ganzer Seminartag.

Ziel   Teamarbeit, Kommunikation, Kooperation, Problemlösung, Anregung der Fantasie.

Beteiligte   Für diese Gemeinschaftsarbeit sollte die Gruppe nicht größer als 12 Personen sein.

Material
- Packpapier (Pinwand-Papier) für den Untergrund, mindestens 2 Bogen
- Tesakrepp
- Klebstoff
- Scheren
- Filzstifte
- Zeitschriften, Reise-/Autoprospekte usw.
- Stecknadeln

Durchführung   Bei diesem Thema entsteht ein Papiermosaik. Das bedeutet, dass farbige Papierstücke aus Zeitschriften herausgerissen und zu einer Farbcollage verarbeitet werden. An einer Wand werden zwei Bogen Packpapier mit Tesakrepp befestigt. Steht keine ausreichende Wandfläche zur Verfügung, können mit Papier bespannte Pinwände nebeneinander gestellt werden.

Der Trainer versetzt die Teilnehmer mit einer anregenden Fantasiereise oder einer spannenden Sciencefiction-Erzählung, beispielsweise von Jules Verne, in eine Zukunftsvision.

Nach einem Moment der Ruhe werden die Assoziationen der Teilnehmer per Blitzlicht auf einzelnen Karten gesammelt. Die Gruppe muss sich jetzt über den Inhalt des Bildes und die Vorgehensweise einigen. Hierfür hat sie etwa eine Stunde Zeit. Bewährt hat sich auch bei dieser Übung, einen Protokollführer einzusetzen, um die Gemeinschaftsarbeit zu dokumentieren. Den Gruppenprozess begleitet der Trainer als Moderator.

Steht der Inhalt der »Zukunfts-Collage« fest, ergeben sich in der Regel verschiedene Arbeitsgruppen. Zum Beispiel skizziert eine Gruppe das geplante Bild mit den Farbangaben auf das Packpapier, eine andere Gruppe reißt die benötigten Farbschnitzel aus den Zeitschriften. Zusammengeführt wird die Gruppe beim Kleben der Papierschnitzel. Ist das Gemeinschaftswerk fertig, erhält es von der Gruppe einen Titel.

Im Abschlussplenum erzählen die Teilnehmer, wie es ihnen bei der Gemeinschaftsarbeit gegangen ist. Der Protokollführer teilt abschließend seine Beobachtungen über den kreativen Arbeitsprozess mit. Die Teilnehmer entscheiden gemeinsam, was mit der Gemeinschaftsarbeit geschehen soll.

Anmerkungen Folgende Auswertungshilfen können Sie dem Protokollführer zur Erleichterung seiner Arbeit zur Hand geben:

– Wie einigte sich die Gruppe auf die Inhalte des Bildes?
– Wie hat sich die Gruppe organisiert? Gab es vorhandene Strukturen, und wie wurde darauf reagiert?
– Wie erfolgte eine Rollenverteilung? Gab es Hierarchien, und wie sahen diese aus?
– Wurde viel debattiert?
– Wie war die Beteiligung der einzelnen Teilnehmer an der Gemeinschaftsarbeit?
– War das Arbeitsklima eher locker oder wurden Spannungen festgestellt?
– Waren die Teilnehmer durch die Einführung ausreichend motiviert?
– Wurde die Zielsetzung sichtbar?

Tipp: Wenn die Gruppe größer ist als die angegebene Teilnehmerzahl, sollten Sie diese in zwei Gruppen unterteilen. Es kann dann auch ein Wettbewerb stattfinden.

Meine persönlichen und beruflichen Ziele

Dauer	Ein halber bis ein ganzer Seminartag.
Ziel	Realistische Zielsetzung, Prozessanalyse.
Beteiligte	Die Gesamtgruppe umfasst etwa 15 Personen. Die Übung selbst wird als Einzelarbeit ausgeführt.

Material

- ❖ Papier für den Untergrund: verschiedene Papiergrößen vom DIN A4-Bogen bis zum Flipchart-Papier
- ❖ Tesakrepp
- ❖ Klebstoff
- ❖ Scheren
- ❖ Filzstifte oder Wachsmalkreiden
- ❖ Zeitungen, Zeitschriften, Reise-/Autoprospekte usw. und auch Prospekte der arbeitgebenden Firma
- ❖ Arbeitsblatt

Für die Realisierbarkeitsanalyse der Ziele befindet sich im Anhang auf Seite 186 ein Arbeitsblatt.

Durchführung

Die Teilnehmer werden durch den Trainer in das Thema beispielsweise mit Hilfe des Brainstormings eingeführt. Die Einführung dauert in der Regel nicht länger als eine halbe Stunde. Es wird dabei auf die Abgrenzung des persönlichen und beruflichen Teils hingewiesen. Diese Abgrenzung ist möglich durch die waagerechte, senkrechte oder diagonale Teilung der Collage.

Die Teilnehmer entscheiden sich für die Größe des Papiers. Aus den Zeitungen, Zeitschriften und Prospekten sammeln sie geeignete Ausschnitte zu dem Bildthema. Wenn diese endgültig auf dem Papier angeordnet sind, kann mit dem Aufkleben begonnen werden. Dabei sollen die Teilbereiche, persönliche und berufliche Ziele, nicht vergessen werden.

Wer mit seinem Bild fertig ist, kann es mit Tesakrepp aufhängen. Im Abschlussplenum haben die Teilnehmer die Möglichkeit, über den Arbeitsprozess zu berichten. Interpretationen werden unbedingt ausgeschlossen!

Jeder Teilnehmer erhält nun ein Arbeitsblatt zur Realisierbarkeitsanalyse der dargestellten Ziele, damit diese klar definiert, messbar und kontrollierbar sind. Um die angestrebten Ziele nicht aus den Augen zu verlieren, rate ich den Teilnehmern die Collage im Büro oder zu Hause aufzuhängen.

Ergänzende Übung

Folgende Übungen bieten sich an, wenn ein Teilnehmer vorzeitig fertig wird:

– Gibt es einen Bezug zwischen den persönlichen und beruflichen Zielen?

– Fokussierung einer Aussage aus der Collage auf einem separaten Blatt.

Anmerkungen

Meine Erfahrungen haben gezeigt, dass vorherige schriftliche Zielsetzungen sich in der Praxis nicht bewähren. Die Teilnehmer halten sich dann zu sehr an ihre eigene Vorlage und behindern letztlich den eigentlichen Prozess.

Bildbeispiel

Bildende Kunst

Geschichte und Beschreibung der Techniken

In diesem Kapitel geht es nicht um eine besondere Technik der bildenden Kunst, wie ich diese ja jeweils in den vorhergehenden Kapiteln beschrieben habe. Es geht hier um den Einsatz vorhandener Kunstwerke im Seminar.

Zielsetzung

Mit dem Einsatz von Werken aus der bildenden Kunst werden neue Wege aufgezeigt, die Wahrnehmung zu sensibilisieren und die Bildbeispiele in Bezug zu unserer Umwelt zu setzen. Diese Form der Auseinandersetzung hat nichts mit einem kunsthistorischen Exkurs zu tun, da hier das Kunstwerk nur Mittel zum Zweck ist.

Erfahrungen mit dem Einsatz von Kunstwerken

Für mich geht es beim Einsatz von Werken aus der bildenden Kunst um ein Medium, über das ich an Themen heranführe. Es spielt hierbei keine Rolle, aus welcher Epoche die Werke stammen. Wichtig sind die sensible Bildauswahl und das Ziel, das ich damit erreichen möchte. Die Reaktionen der Teilnehmer sind für mich immer wieder erstaunlich, da sich zuvor kaum einer in dieser Form mit Kunstwerken auseinander gesetzt hat. Die bildende Kunst ist reich an Vorlagen, wenn man sie genau betrachtet. Ausstellungen und die dazugehörigen Plakate inspirieren mich immer wieder zu neuen Themen.

Sonstiges

Auch Teilnehmer, die ein gespaltenes Verhältnis zur Kunst haben, finden durch diese Übungen einen neuen Zugang.

»Bildende Kunst«: Vorbereitung und Planung

Dauer

Je nach Themenbeispiel ist ein Zeitaufwand zwischen einer Stunde bis zu einem halben Tag erforderlich.

Gruppengröße

Die Gruppen sollten nicht größer als 16 Personen sein. Ansonsten werden die Bildbetrachtung sowie das Umsetzen des Gesehenen problematisch.

Seminarraum

An den Seminarraum werden keine Anforderungen gestellt. Es sollte jedoch gewährleistet werden, dass der Raum verdunkelt werden kann, wenn Dias oder Overhead-Folien gezeigt werden. Es sollten jedoch drei bis vier Pinwände zum Aufhängen der von den Teilnehmern gezeichneten oder gemalten Bilder zur Verfügung stehen.

Material je nach Übung

Da für die Themenbeispiele unterschiedliche Materialien verwendet werden können, liste ich diese an dieser Stelle nicht auf. Sie können den jeweiligen Übungen entnommen werden.

Ablauf

Das vom Trainer ausgewählte Kunstwerk wird gemeinsam betrachtet. Danach erfolgt ein intensiver Austausch über die unterschiedlichen Wahrnehmungen sowie über die Empfindungen, die das Bild auslöst. Diese werden bereichert durch die Hintergrundinformationen, die der Trainer zu dem Kunstwerk gibt.

Dann folgen die Themenstellung und die praktische Auseinandersetzung mit dem Kunstwerk.

Bei Gruppenarbeiten sollte immer ein Protokollführer eingesetzt werden, der über den Ablauf der Arbeit im Plenum berichtet. Die Ergebnisse werden gemeinsam betrachtet, und über die Erfahrungen und Erkenntnisse wird im Plenum berichtet.

Ergänzende Übungen

Es ist durchaus möglich, ein Bild mit verschiedenen Übungen zu erarbeiten. Beispielsweise kann auf das Themenbeispiel »Bildbetrachtung« die Übung »Kunstwerke verändern« folgen.

Anmerkungen

❖ Achtung: Um mit Werken aus der bildenden Kunst im Seminar zu arbeiten, ist es nicht erforderlich, dass·der Trainer Kunstexperte ist, jedoch sollte er einen Zugang zur Kunst haben.
❖ Vorlagen: Für die Themen finden Sie Vorlagen in Kunstbänden, Ausstellungskatalogen sowie auf Kunstpostkarten, Postern und Geschenkpapier (oft mit Kunstmotiven bedruckt). Sie können auf Papier oder auf Overhead-Folien fotokopiert werden. In fast allen Kunstausstellungen und Sammlungen werden Dias angeboten.
Diareihen zu verschiedenen Themen gibt es im Übrigen beim Vista Point Verlag in Köln.

Es folgen nun Themenbeispiele.

Das verhüllte Auto

Dauer	Ein halber Seminartag.
Ziel	Prozessorientierte Gruppenarbeit, Kommunikation, Kooperation, Problemlösung.
Beteiligte	Für die Gruppenarbeit bevorzuge ich eine gerade Zahl, sodass ich eine Gesamtgruppe von 16 Personen anstrebe.

Material

- ❖ Plastikfolie
- ❖ Schnur
- ❖ Tesakrepp

Durchführung

Nicht der Reichstag, sondern ein oder zwei Autos werden im Teamwork verhüllt. Hierzu erhalten die Teilnehmer das erforderliche Material und werden sich selbst überlassen. Wichtig ist bei dieser Arbeit, das Problem der Verhüllung und Enthüllung zu lösen. In der Gruppe wird die Vorgehensweise erörtert und im kreativen Prozess umgesetzt. Stehen mehrere Autos zur Verfügung, können sich mehrere Gruppen bilden. Dann ist es jedoch ratsam, jeweils einen Protokollführer zu bestimmen, der im Plenum über den Arbeitsprozess berichtet. Ein Wettbewerb erhöht zudem die Motivation der Gruppen.

Im Plenum berichten die Gruppen über die Erfahrungen, die bei der Gruppenarbeit gemacht worden sind.

Ergänzende Übung

Der Ablauf der Verhüllung kann durch eine Fotodokumentation bereichert werden (siehe Kapitel »Fotografie und Video«, Seite 174ff.).

Anmerkungen

Von den verhüllten Autos mache ich in der Regel für die Teilnehmer Fotos und gebe sie diesen mit. Stolz werden die Fotos dieser »Kunstwerke« mit nach Hause oder an die Arbeitsstelle genommen.

Es können auch andere Gegenstände verhüllt werden, beispielsweise Tische oder Stühle.

Bildbetrachtung

Dauer   Eine halbe bis eine ganze Stunde.

Ziel   Einstiegsmethode, Schärfung der Wahrnehmung, Entspannung, Gedächtnistraining.

Beteiligte   Bei dieser Einzelarbeit kann die Gesamtgruppe etwa 15 Personen betragen.

Material
- Abbildung des Kunstwerkes (beispielsweise als Dia oder Poster)
- Papier DIN A4
- Buntstifte

Durchführung   Der Trainer zeigt ein Kunstwerk aus der bildenden Kunst auf einem Poster oder Dia. Dieses sollten die Teilnehmer fünf Minuten lang genau betrachten. Sie werden darüber informiert, dass das Bild danach nicht mehr präsent ist. Nach Ablauf der Zeit, die allen immer sehr kurz vorkommt, zeichnen die Teilnehmer in »Strichmännchenart«, was sie von dem Bild noch in Erinnerung haben. Es soll keine Kopie des Bildes werden, sondern eine Sammlung der im Gedächtnis gespeicherten Dinge.

Anschließend werden die Bilder aufgehängt und gemeinsam angeschaut. Jetzt ist auch der Zeitpunkt gekommen, wo die Teilnehmer unbedingt das Kunstwerk noch einmal bewusst anschauen möchten. Im Plenum berichten die Teilnehmer über ihre Erfahrung bei dieser Schärfung der Wahrnehmung.

Anmerkungen   Tipp: Da es sich um eine kurze Übung handelt, sollte das Motiv des Bildes mit dem Thema des Seminars in Zusammenhang gebracht werden. Dies gilt vor allem, wenn diese Übung als Einstiegsmethode eingesetzt wird.

Beispielsituation Diese Übung habe ich in einem Seminar mit Kunsthistorikern durchgeführt. Nach einer nur zweiminütigen Bildbetrachtung der »Kinderspiele« von Pieter Bruegel d.Ä. auf einem Dia zeichneten die Teilnehmer auf einem DIN A4-Papier mit Strichmännchen, was sie von dem Bild noch in Erinnerung hatten.

Abschließend waren sie sehr erstaunt, wie wenig und welchen Bereich sie von dem Bild wahrgenommen hatten. In der Regel hatten sie nur fünf bis zehn Spielszenen von etwa 80 abgebildeten nachgezeichnet. Zudem waren die meisten im Bild vordergründig dargestellt.

Kunstwerke verändern (am Beispiel von C.D. Friedrich »Der einsame Baum«)

Dauer
Ungefähr zwei Stunden.

Ziel
Schärfung der Wahrnehmung, Anregung der Fantasie.

Beteiligte
Die Gesamtgruppe beträgt für diese Einzelarbeit etwa 15 Personen.

Material
- ❖ Abbildung des Kunstwerks (zum Beispiel Dia, Poster oder Postkarten)
- ❖ Papier DIN A 4
- ❖ Arbeitsblätter: Fotokopien von Umrisszeichnungen eines Kunstwerkes (siehe Beispiel im Anhang, Seite 188)
- ❖ Buntstifte

Durchführung
Der Trainer zeichnet die Umrisse eines Kunstwerkes seiner Wahl nach. Davon erstellt er Fotokopien. Durch eine neue Themenstellung wird dieses »Kunstwerk« nun von den Teilnehmern verändert.

Für diese Übung wählt der Trainer beispielsweise das Gemälde von C.D. Friedrich »Der einsame Baum«. Der Trainer zeigt das Kunstwerk durch ein Dia, Poster oder Kunstpostkarten. Jeder hat ausreichend Gelegenheit, das Bild genau zu betrachten. Die Aufgabe lautet nun zu überlegen: »Wie könnte diese Landschaft in der Zukunft aussehen?« Jeder Teilnehmer erhält die Fotokopie des Umrisses sowie Buntstifte. Die Fotokopie soll nun mit ihrer Zukunftsvision verändert werden.

Es besteht auch die Möglichkeit, auf einem leeren DIN A4-Papier zu zeichnen. Zeichnerische Fähigkeiten sind für diese Arbeit nicht erforderlich! Es steht eine halbe Stunde bis zu einer Stunde zur Verfügung.

Die Bilder werden anschließend aufgehängt und gemeinsam angeschaut. Jeder stellt das Bild mit seiner Vision vor und erzählt, wie es ihm bei der Arbeit gegangen ist. Interpretationen sind ausgeschlossen.

Anmerkungen
Als Auswertungshilfen bieten sich an:

- Wie wurde das Originalbild nach dem Zeichnen gesehen?
- Wie hat es sich verändert?
- Welche Erfahrung haben die Teilnehmer für sich mitgenommen?

Aus meinen Seminarerfahrungen kann ich berichten:

Es ist für mich immer wieder erstaunlich, dass die Teilnehmer kein Problem mit dem Zeichnen haben, da sie eine Vorlage haben. Es wird auch nicht der Versuch des »Ausmalens« unternommen. Die Umrisszeichnung wird als hilfreiches Gerüst angesehen, von dem jedoch bei den fertigen Zeichnungen oft nichts mehr zu sehen ist.

Tipp: Eine Umrisszeichnung ist leicht zu erstellen. Transparentes Papier wird auf die Abbildung des ausgewählten Kunstwerkes gelegt, und die Umrisslinien werden abgepaust. Diese Skizze kann mit dem Fotokopierer entsprechend vergrößert oder verkleinert werden.

Mein Porträt (nach Jawlensky)

Dauer	Ein bis zwei Stunden.
Ziel	Selbstwahrnehmung, Meditation.
Beteiligte	Die Gesamtgruppe umfasst etwa 15 Personen. Die Übung wird in Einzelarbeit durchgeführt.
Material	❖ Abbildung eines Kunstwerkes (beispielsweise als Poster oder Overhead-Folie) ❖ Papier DIN A3 ❖ Buntstifte

Durchführung

Die Teilnehmer werden zum Beispiel an ein Bild aus der Reihe der »Abstrakten Köpfe« von Jawlensky vom Trainer sensibel herangeführt. Das heißt, die Gruppe setzt sich intensiv mit dem Kunstwerk auseinander. Die Teilnehmer berichten, was sie beim Betrachten sehen und empfinden. Da es ein sehr reduziertes Porträt mit einer großen Aussage ist, eignet es sich besonders gut für diese Übung.

Die Aufgabe lautet, ein Selbstporträt in Anlehnung an das Kunstwerk zu zeichnen. Das Porträt wird unterteilt in »Meine positive und meine negative Seite«. Die Aussage soll durch die Farbwahl unterstrichen werden. Es wird besonders darauf hingewiesen, dass Interpretationen und Beurteilungen der Bilder auszuschließen sind. Zum Zeichnen steht eine halbe Stunde zur Verfügung, in der absolute Ruhe herrschen sollte.

Die fertigen Zeichnungen werden aufgehängt und gemeinsam betrachtet. Jeder stellt sein Bild vor und erzählt, wie es ihm bei der Arbeit gegangen ist.

Ergänzende Übung

Es besteht auch die Möglichkeit, die Bilder zu zweit im Dialog zu betrachten und anschließend im Plenum über die gemachten Erfahrungen zu berichten.

Anmerkungen

Tipp: Es kommt sehr gut an, wenn jeder Teilnehmer eine farbige Fotokopie von dem Bild erhält.

Beispiele

Von Alexej von Jawlensky lassen sich die Bilder »Abstrakte Köpfe« besonders gut verwenden.

Bildbeispiel

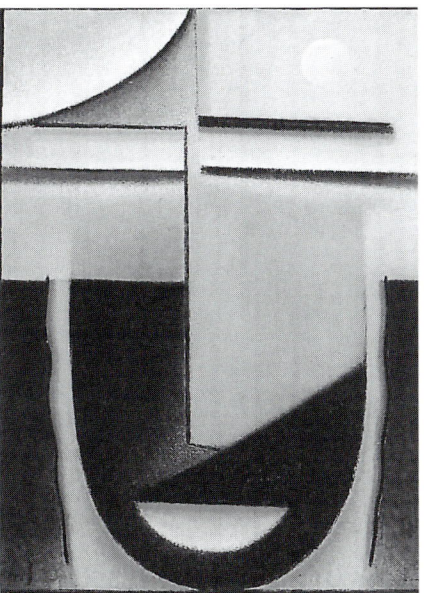 

Original   *Teilnehmerzeichnung*

Arbeitswelt gestern und heute

Dauer   Zwei bis drei Stunden.

Ziel   Schärfung der Wahrnehmung, Kommunikation, Kooperation, Teamwork.

Beteiligte   Bei einer Gruppenarbeit mit je vier Teilnehmern bietet sich eine Gesamtgruppe von 16 Personen an.

Material
- Abbildungen von Kunstwerken zum Thema »Arbeit«, beispielsweise fünf bis zehn Dias
- Arbeitsblätter: Fotokopien verschiedener »Arbeitsbilder« aus der Kunst
- Papier DIN A3 oder Flipchart-Papier
- bunte Filzstifte
- drei bis vier Pinwände

Durchführung   Der Trainer zeigt den Teilnehmern mehrere Kunstwerke, die das Thema »Arbeit« zum Inhalt haben. Während des Betrachtens erfolgt ein gemeinsamer Austausch über die Inhalte der Bilder. Ein Monolog des Trainers über die Kunstwerke sollte unbedingt vermieden werden. Selbstverständlich kann er Hintergrundinformationen geben, zum Beispiel zu welcher Zeit das Bild gemalt wurde.

Anschließend werden Gruppen gebildet, die jeweils eine Fotokopie von einem der Bilder erhalten. Die Aufgabe lautet, dieses Bild zeichnerisch in die heutige Arbeitswelt umzusetzen. Die Gruppe kann sich aufteilen in einen, der zeichnet, einen Teilnehmer, der die Hauptunterschiede von »Gestern und Heute« sammelt, sowie einen, der die Gemeinsamkeiten auf Karten festhält. Einer der Gruppe ist der Protokollführer, der die Ergebnisse im Plenum präsentiert.

Nach einer Stunde hängen die Gruppen die beiden Bilder, die Vorlage und die Zeichnung sowie die beschriebenen Karten an eine Pinwand. Die Protokollführer zeigen die Ergebnisse und berichten über gemeinsame Erfahrungen und Erkenntnisse, die bei der Auseinandersetzung mit dem Kunstwerk gemacht wurden.

Ergänzende Übung

Es besteht die Möglichkeit, Schwerpunkte aus den Karten zu filtern und damit weiterzuarbeiten. Dies kann beispielsweise geschehen mit der Frage: Warum sind so wenig Gemeinsamkeiten zwischen »Gestern und Heute« übrig geblieben?

Variante

Wenn genügend Zeit zur Verfügung steht, kann statt der Zeichnung eine Collage als Gemeinschaftsarbeit von den Gruppen erarbeitet werden. Hierzu werden Zeitschriften und Zeitungen, Scheren und Kleber benötigt. Die Bildvorlage kann mit in die Arbeit integriert werden, sie sollte dann das Format von DIN A3 haben. Diese Variante fördert die Gruppendynamik, da jeder Teilnehmer direkt an dem Bild mitarbeitet, indem er eigene Beiträge für die Collage einbringt (s. Kapitel »Collage«, Seite 90ff.).

Als Themenbeispiele für diese Übung bieten sich an:

- »Der Weber« von Vincent van Gogh
- »Die Büglerin« von Edgar Degas
- »Der Bauernadvokat« von Pieter Bruegel d.J.
- »Up on the Roof« von Michael Leonard
- »Der Aufbruch zur Arbeit« von Jean-Francois Millet
- »Fabriklandschaft« von Heinrich Hoerle
- »Arbeitsmänner« von Franz Wilhelm Seiwert
- »Der Schieber« von Heinrich-Maria Davringhausen
- »Bahnwärterhaus« von Georg Scholz

Bilddiktat nach einem Kunstwerk

Dauer Zwei bis drei Stunden.

Ziel Schärfung der Wahrnehmung, Entspannung, Gedächtnistraining.

Beteiligte Für diese Einzelarbeit empfiehlt sich eine Gesamtgruppe von etwa 15 Personen.

Material
- Papier DIN A3
- Wasserfarben (rot, gelb, blau, schwarz, weiß)
- Pinsel
- Wasserbehälter
- Paletten zum Mischen
- Zeitungspapier zum Abdecken der Tische
- Tesakrepp, Küchenrolle, Plastiksack

Durchführung Die Teilnehmer erhalten ihre Malutensilien. Sobald Ruhe im Seminarraum herrscht, beschreibt der Trainer ein von ihm ausgewähltes Kunstwerk, das er vor sich liegen hat. Die Beschreibung sollte langsam und präzise erfolgen. Zum Beispiel sollten folgende Fragen beachtet werden:

- Welches Format hat das Bild?
- Was sehe ich auf dem Bild?
- Welche Farben haben die Gegenstände?
- Wie sind sie angeordnet?
- Welche Stimmung gibt das Bild wieder?
- Wie heißt der Maler?
- Welchen Titel hat das Bild?
- In welcher Technik ist es gemalt?

Die Teilnehmer malen nun nach dieser Beschreibung ein Bild. Es soll keine Kopie werden, sondern es wird das auf das Bild gebracht, was jeder Einzelne vom Inhalt wahrnimmt.

Die Bilder werden nebeneinander aufgehängt und gemeinsam angeschaut. Daneben hängt das beschriebene Kunstwerk. Jeder berichtet von dem eigenen Arbeitsprozess.

Anmerkungen

Als Auswertungshilfen setze ich ein:

- Wie wurde das Bild unmittelbar nach der Beschreibung gesehen?
- Wie hat es sich beim Malen verändert?
- Wurden die beschriebenen Farben übernommen?
- Sind die Gegenstände auf dem Bild so verteilt, wie sie beschrieben wurden?
- Ist die Stimmung auf dem Bild so wiedergegeben wie auf dem Original?
- Welche Erfahrung haben die Teilnehmer für sich bei diesem Bilddiktat mitgenommen?
- War die Beschreibung ausreichend?

Tipp: Das Kunstwerk sollte eine klare Aussage haben. Es eignen sich beispielsweise Landschafts- und Interieurbilder sowie Stillleben sehr gut. Dagegen sind Porträts und Blumenbilder ungeeignet.

Sie machen vielleicht die Erfahrung, dass beim ersten Bilddiktat die Beschreibung nicht ausreichend war. Sie sollten dann diese Übung keinesfalls absetzen. Vielmehr sollten Sie kritisch hinterfragen, woran es gefehlt hat, ob Sie das richtige Bild ausgewählt haben. Ich selbst habe festgestellt, dass ich am besten Bilder meiner Lieblingsmaler beschreiben kann. Es ist auch ratsam, die eigene Beschreibung übungshalber vor dem Seminar, auf Kassette zu sprechen und zu überprüfen. Aber bitte nicht diese Kassette im Seminar abspielen, auch wenn sie noch so gut ist, es fehlt sonst das Persönliche.

Folgende Kunstwerke setze ich unter anderen gerne in meinen Seminaren ein:

- »Stuhl mit Pfirsichen« von Matisse
- »Rotes Interieur« von Matisse
- »Stuhl mit Pfeife« von Vincent van Gogh
- »Eisenbahn bei Murnau« von Kandinsky

Ausstellungsbesuch (am Seminarort)

Dauer   Je nach Größe der Ausstellung.

Ziel   Kommunikation, Schärfung der Wahrnehmung, Gruppendynamik, Stressabbau.

Beteiligte   Die Gesamtgruppe sollte nicht größer als 10–15 Personen sein.

Durchführung   Oft gibt es an Seminarorten sehr schöne Kunstsammlungen, Ausstellungen oder Galerien. Warum nicht das Seminar dorthin verlegen? Es ist nicht unbedingt notwendig, dass der Trainer Kunstexperte ist und eventuell schon vorher die Ausstellung besucht hat. Wichtig ist das gemeinsame Betrachten der Kunstwerke, die jeder anders sieht, sowie der Austausch über die unterschiedlichen Wahrnehmungen und Empfindungen. Dies sollte in einer entspannten Atmosphäre geschehen. Es geht nicht um eine kunsthistorische Exkursion! Der Trainer sollte die Gruppe beisammenhalten, um an Motiven von besonderem Interesse den Austausch zu fördern. Damit wird auch verhindert, dass sich Einzelne absondern und sich der Kommunikation entziehen.

Ergänzende Übung Im Seminar kann dann ein Motiv oder ein Thema beispielsweise durch Zeichnen oder Malen vertieft werden.

Variation   Natürlich biete ich auch Museumsbesuche an, beispielsweise wenn sich vor Ort ein technisches Museum befindet.

Anmerkungen   Achtung: Es ist wichtig, vorher bei der Kunstsammlung oder Galerie anzurufen und die Gruppe anzumelden. Weisen Sie ausdrücklich darauf hin, dass es sich nicht um eine kunsthistorische Führung handelt, da viele Sammlungen Führungen nur mit eigenen Kunsthistorikern erlauben.

Auswertungshilfen: Wenn die Gruppe vor einem Bild steht, das sie besonders interessiert, kann der Trainer mit folgenden Fragen die Diskussion anregen:

– Was sehen wir auf dem Bild?
– Welches Format hat das Bild?

- Welche Farben sind auf dem Bild? (zum Beispiel warme oder kalte Farben)
- Wie sind die Gegenstände angeordnet?
- Welche Stimmung ist auf dem Bild?
- Wodurch, glauben Sie, hat der Maler diese Stimmung erreicht?
- Was, glauben Sie, wollte er mit dem Bild aussagen?
- Was hat das Bild mit unserem Umfeld zu tun?
- Welchen Titel würden Sie dem Bild geben?
- Welchen Titel hat das Bild?

Ich habe den »Ausstellungsbesuch« mit in dieses Buch aufgenommen, da ich festgestellt habe, dass hier eine andere Kommunikation unter den Teilnehmern stattfindet als im Seminarraum oder am abendlichen Biertisch. Die Atmosphäre und die Auseinandersetzung mit den Bildern faszinieren jeden, sogar Kunstmuffel. Mehrmals habe ich unter den Teilnehmern erstaunliche Experten mit großem Kunstverstand gehabt, was die Gruppe natürlich bereicherte. Jedoch muss der Trainer aufpassen, das gesetzte Ziel nicht aus den Augen zu verlieren.

Beispielsituation

In einem Wochenseminar, in dem nur männliche Teilnehmer waren, erzählte ich von meiner Absicht, eine Kunstausstellung im Rahmen des Seminars zu besuchen, da die Bilder und die Motive gut zum Seminarthema passten. Innerlich hatte ich kein gutes Gefühl dabei, diese Männergruppe, die dem Bier und der Gemütlichkeit nicht abgeneigt war, damit zu konfrontieren. Ich rechnete mit vielen Einwänden. Zu meiner Überraschung stand einer aus der Gruppe auf und sagte: »Das ist eine super Idee. Die Ausstellung ist hervorragend, ich bin Hobbymaler und, wenn alle einverstanden sind, führe ich durch die Ausstellung!« Alle waren begeistert. Es war mit einer Gruppe mein längster Besuch in einer Sammlung. Auch ergänzten der Hobbymaler und ich uns sehr gut. Die Auseinandersetzung mit den Bildern bestimmte das ganze Seminar.

Ton

Geschichte

Mit Ton arbeiten die Menschen schon seit Jahrtausenden. Bereits im Übergangszeitraum, von der Mittleren- zur Jungsteinzeit wurde erkannt, dass sich Ton beliebig formen lässt. Er wurde zur Herstellung von Kult-, Vorrats- und Gebrauchsgegenständen verwendet, die im Feuer ihre Haltbarkeit erhielten.

Es entwickelten sich im Laufe der Jahrhunderte die verschiedensten Techniken im Aufbau der Gefäße wie auch verschiedene Techniken, den Ton zu brennen. Alle Techniken werden unter dem ursprünglich griechischen Begriff »Keramik« zusammengefasst. Unter diesem Begriff finden wir heute Gegenstände vom Dachziegel bis hin zu Porzellan.

Immer wieder gab es Künstler, die vom Ton fasziniert waren und die schönsten Kunstwerke daraus entstehen ließen, unter anderem gilt dies auch für Picasso.

Beschreibung der Technik

Tone sind Mineralgemenge, die durch Verwitterung verschiedener feldspathaltiger Gesteine entstanden sind. Ihre Hauptbestandteile sind die Tonminerale Kaolinit, Illit und Montmorillonit, die in der Formgebung Träger der Plastizität (Formbarkeit) sind. In Tongruben werden diese in mehreren deutschen Gebieten abgebaut.

Der leicht formbare Ton regt jeden, vom Kind bis zum Künstler, zum Gestalten an. Ein Gegenstand wird geformt, der Ton trocknet, kommt dann in den Brennofen, die Glasur und der zweite Brand erreichen die Festigkeit der Keramik. Es ist ein eindrucksvolles Material, weil es weich, sinnlich, matschig und schmutzig ist.

Leider ist der Umgang mit Ton noch sehr stark vom Produktdenken geprägt. Gibt man jemandem einen Klumpen Ton, wird er bestimmt sofort eine Schale oder einen Aschenbecher formen. Jedoch bietet gerade Ton eine hervorragende Möglichkeit, die gestalterischen Kräfte anzuregen und neue Ausdrucksmöglichkeiten zu finden.

Zielsetzung

Die Teilnehmer machen sich vertraut mit dem Material Ton. Sie fühlen ihn, verformen und schlagen, drücken und pressen ihn. Mit beiden Händen wird der Ton wahrgenommen, seine Flexibilität und Vielseitigkeit gespürt. Das prozess- und nicht produktorientierte Arbeiten mit Ton fördert die Wahrnehmung und die Motorik. Es löst Blockaden und Kontaktprobleme mit sich und der Umwelt.

Einzel-, Paar- und Gruppenarbeit

Bei der Einzelarbeit ist es für die Teilnehmer immer wieder spannend, über die Tonfiguren die Selbst- und Fremdwahrnehmung zu überprüfen. In der Paararbeit erfolgt ein intensiver Austausch über die gemachten Wahrnehmungen.

Der Einsatz von Ton eignet sich besonders für prozessorientierte Gruppenarbeiten. Bei einigen Übungen werden die Einzelarbeiten zu einer Gesamtarbeit zusammengeführt.

Erfahrungen mit dem Einsatz dieser Technik

Ton ist das Material, das ich am liebsten für Gruppenarbeiten verwende, wenn die nötige Zeit zur Verfügung steht. Gerne biete ich zum Beispiel die Übung »Wurmhausen« als Freizeitaktion an. Oft beteilige ich mich selbst am Modellieren.

Sonstiges

Wenn eine Tongrube oder eine Ziegelei in der Nähe des Seminarortes ist, hole ich zusammen mit den Teilnehmern den Ton. Dadurch haben sie einen viel besseren Bezug zum Material.

Ton: Vorbereitung und Planung

Dauer

In der Regel wird für den Einsatz von Ton ein halber Seminartag benötigt.

Gruppengröße

Für die Übungen hat sich eine Teilnehmerzahl von 12–16 Personen bewährt. Je kleiner die Gruppe, umso intensiver ist die Arbeit. Das wirkt sich besonders bei Kleingruppen und in Gemeinschaftsarbeiten aus.

Seminarraum

Der Seminarraum sollte genügend Arbeitsfläche bieten. Eine Tischbreite von einem Meter je Teilnehmer hat sich bewährt. Für größere Arbeiten bietet sich der Boden an, besonders geeignet sind glatte Fußböden. Ein Teppichboden im Seminarraum ist nur bedingt geeignet, da eventuell mit Wasser gearbeitet wird! Der Tonstaub dagegen kann problemlos abgesaugt werden. Eine Rücksprache mit dem Seminarhaus sollte unbedingt erfolgen. Auch sollten Sie vorab klären, ob die Möglichkeit besteht, für Gruppenarbeiten weitere Räume zu benutzen? Ein Kassettenrekorder bzw. ein CD-Player sollte für die Musik einsatzbereit sein.

Material

❖ Ton: Für die Übungen sind ungefähr fünf Pfund je Teilnehmer empfehlenswert. Den Ton bekommt man in Keramikwerkstätten oder Hobbyläden. Der Vorteil dieses Materials besteht darin, dass er immer wieder verwendet werden kann, wenn er in Eimern aufgehoben wird, die mit feuchten Tüchern und Folie abgedeckt werden.

❖ Eine Rolle feste Plastikfolie zum Abdecken der Tische oder des Bodens. Die Folie erhält man im Malergeschäft oder Baumärkten.

❖ Wasser: Ein bis zwei Liter Wasser reichen aus, um eventuell die Hände oder den Ton zu befeuchten. Empfehlenswert ist zudem eine große Blumenspritze mit Zerstäuber.

❖ Blumendraht: Ein Stück Blumendraht, etwa 70 cm lang, wird an den Enden um ein Stück Dübelholz befestigt. Der Draht wird zum Durchschneiden des Tons benötigt.

❖ Fotoapparat: Die Tonarbeiten können zur Erinnerung fotografiert werden.

Ablauf

Für Gemeinschafts- und Gruppenarbeiten müssen die Tische von dem Trainer vor Seminarbeginn zusammengestellt und mit Plastikfolie abgedeckt werden. Darauf kommt der Tonklumpen. Auf einem eigenen Platz, Stuhl oder kleinen Tisch steht der Wassereimer.

Bei Einzelarbeiten decken die Teilnehmer ihre Tische selber ab. Auf einem Tisch hat der Trainer den Ton so hingelegt, dass jeder sich bedienen kann.

Damit ein lebendiger Prozess entsteht, ist unbedingt eine sensible Ein- und Hinführung zum Thema durch den Trainer erforderlich. Dies kann durch ein kurzes Plenumgespräch, durch Brainstorming oder mit Hilfe einer Fantasiereise geschehen.

Während des Arbeitsprozesses lege ich Wert darauf, dass Ruhe im Raum herrscht. In Absprache mit den Teilnehmern spielt im Hintergrund leise Entspannungsmusik. Die zur Verfügung stehende Zeit ist allen bekannt. Für mich ist es wichtig, den Teilnehmern vorher zu sagen, dass Interpretationen und Beurteilungen der Arbeiten ausgeschlossen sind!

Jeder Teilnehmer holt sich aus dem großen Tonklumpen etwa fünf Pfund Ton, dies sind ungefähr beide Hände voll Ton. Jeder macht sich erst mit dem Ton vertraut: knetet, rollt, zieht ihn auseinander usw. Im Vordergrund stehen die Hände, die den Ton wahrnehmen und die Form langsam verändern. Die Teilnehmer beginnen, entsprechend der Übung, den Ton in der vorgesehenen Zeit zu bearbeiten.

Ein rechtzeitiger Hinweis auf das bevorstehende Ende ist angebracht, da sich die meisten Teilnehmer völlig in die Arbeit vertiefen und so die Zeit vergessen. Im Abschlussplenum besteht für die Teilnehmer die Möglichkeit, über den Arbeitsprozess zu berichten. Ich vermeide Interpretationen und versuche, sie auch von den anderen Teilnehmern auszuschließen!

Der modellierte Ton kommt zurück in die Plastikeimer. Selbstverständlich können kleine Skulpturen mitgenommen werden. Leider sind sie, da der Ton noch nicht gebrannt ist, sehr zerbrechlich.

Viele Teilnehmer haben Probleme mit der Zerstörung ihres Werkes, daher sollten vorher Fotos gemacht werden, die die Teilnehmer als Erinnerung erhalten. Ich habe es auch schon erlebt, dass die Teilnehmer bei

Gemeinschaftsarbeiten statt mit einem Erdbeben zum Beispiel ihre Arbeit durch einen Kriegsausbruch beendet haben. Mit Begeisterung wurden Kugeln gerollt und die Arbeit bombardiert. Mir ist es dabei wichtig, dass die Teilnehmer sich vorher darüber einigen.

Gemeinsames Aufräumen fördert die Zusammenarbeit und die Gruppenverantwortung.

Anmerkungen

❖ Protokollführung: Bei einigen Übungen empfiehlt es sich, Teilnehmer mit der Protokollführung zu beauftragen. Die Beobachtungen ergänzen die Abschlussbesprechung.
❖ Auswertungshilfen: Um eine gezieltere Abschlussbesprechung zu erreichen, werden zu verschiedenen Übungen Auswertungshilfen zur Verfügung gestellt.
❖ Beispielsituationen: Einige Übungen werden durch Situationen aus meinem Seminaralltag ergänzt.

Es folgen nun Themenbeispiele.

Bewegungsspuren

Dauer   Ungefähr zwei Stunden.

Ziel   Schärfung der Wahrnehmung, Sensibilisieren für Material und Bewegung, nonverbale Kommunikation, Entspannung.

Beteiligte   Für die Gemeinschafts- oder Gruppenarbeit empfehle ich eine Gesamtgruppe, die nicht größer als 12–15 Personen ist.

Material   ❖ Ton (etwa fünf Pfund je Teilnehmer)
                     ❖ große Plastikfolie

Durchführung   Der Trainer hat die Tische mit Folie abgedeckt und ausreichend Ton (zu viel ist besser als zu wenig!) verteilt. Mehrere Teilnehmer sitzen, ob in der Gemeinschaftsarbeit oder in frei zusammengefundenen Kleingruppen, ohne zu sprechen, vor einem großen Tonklumpen. Der Trainer führt ruhig die Teilnehmer wie folgt ein:

                     »Sie nehmen mit den Händen den Ton wahr und beginnen langsam den Ton zu verändern. Gegenseitig zeigen Sie sich durch Bewegungen, was Sie mit dem Ton machen möchten. So soll allmählich ein gemeinsames Ganzes entstehen. Hierfür haben sie etwa 45 Minuten Zeit.«

                     Die Musik im Hintergrund unterstützt die Arbeit. Auf das Ende der Übung werden die Teilnehmer rechtzeitig hingewiesen. Die gemachten Erfahrungen werden anschließend im Plenum ausgetauscht.

Anmerkungen   Folgende Fragen unterstützen den persönlichen Erfahrungsaustausch:

                     – Was habe ich über mich bei der Arbeit mit Ton erfahren?
                     – Was habe ich über den Partner erfahren?
                     – Konnte ich in eine nonverbale Kommunikation treten?
                     – Hat sich ein gemeinsames Thema entwickelt?
                     – Konnte sich jeder seinen »Raum« nehmen für seine Arbeit?

                     Tipp: Bei dieser Arbeit bietet sich besonders eine Hintergrundmusik an, die entweder aus einem rhythmischen Musikstück oder aus verschiedenen Stücken im Wechsel besteht.

Mein Äußeres

Dauer	Zwei bis drei Stunden.
Ziel	Selbst- und Fremdwahrnehmung.
Beteiligte	Etwa 15 Personen kann die Gesamtgruppe umfassen. Die Übung selbst wird als Einzel- und Paararbeit durchgeführt.

Material

- ❖ Ton (etwa fünf Pfund je Teilnehmer)
- ❖ Plastikfolie

Durchführung

Die Teilnehmer holen sich beide Hände voll Ton. Jeder macht sich erst mit dem Ton vertraut: knetet, rollt, zieht ihn auseinander usw. Dann formen die Teilnehmer eine Kugel, dabei tritt Ruhe ein, und die Augen können geschlossen werden. Im Vordergrund stehen die Hände, die den Ton wahrnehmen und die Form langsam verändern. Der Trainer führt leise in das Thema ein: »Beginnen Sie aus dem Ton Ihr Äußeres wachsen zu lassen, und lassen Sie einfließen, wie Sie glauben, auf andere zu wirken.« Die Teilnehmer haben hierfür etwa 30 Minuten Zeit. Dann werden sie auf das Ende der Übung vorbereitet beispielsweise in der Form, dass sie langsam die Augen öffnen und ihr Werk betrachten können.

Die Teilnehmer suchen sich dann einen Partner ihrer Wahl. Sie beschreiben sich gegenseitig die entstandene Figur und tauschen Wahrnehmungen über die Figur des anderen aus. Interpretationen werden ausgeschlossen!

Im Plenum berichten die Teilnehmer über ihre Erfahrungen, die sie in diesem kreativen Prozess gemacht haben.

Variante

In einer anderen Variante suchen sich die Teilnehmer einen Partner, und jeder versucht aus dem Ton wachsen zu lassen, wie der andere auf ihn wirkt, wie er ihn empfindet. Anschließend beschreiben sie sich gegenseitig anhand der Figur ihre Wahrnehmungen.

Anmerkungen	Folgende Auswertungshilfen setze ich in meinen Seminaren ein:

- Was ist das Charakteristische an der Skulptur (lang, rund, eckig, besondere Auffälligkeiten)?
- Können sich die Teilnehmer mit ihrer Figur identifizieren?
- Was vermittelt die Skulptur dem anderen Teilnehmer?

Tipp: Es besteht auch die Möglichkeit, sich in Kleingruppen über die Wahrnehmungen auszutauschen. Hierbei sollten die Auswertungshilfen den Gruppen zu Bearbeitung gegeben werden.

Beispielsituationen

In einem Workshop erlebte ich, dass eine Teilnehmerin eine schmale, gestreckte Skulptur geformt hatte. Sie beschrieb, dass sie stolz, unnahbar und abweisend aussehe.

Auf die Frage nach Identifizierung kam die Antwort: »Ja, manchmal schon.«

Ein Teilnehmer stellte dann in der Abschlussbesprechung fest, dass die Skulptur aussehe wie ein Tukan. Das überraschte die Teilnehmerin sehr. Durch diese Aussage bekam sie einen anderen Blick für ihre Skulptur und konnte sich dann auch darin wieder erkennen.

Trainer und Teilnehmer

Dauer	Etwa drei Stunden.
Ziel	Feedback, Selbst- und Fremdwahrnehmung, Kommunikation, Rollenspiel.
Beteiligte	Für diese Einzelarbeit sollte die Gruppe nicht größer als 10–12 Personen sein.
Material	❖ Ton (etwa fünf Pfund je Teilnehmer) ❖ Plastikfolie

Durchführung

Die Teilnehmer holen sich aus dem Tonklumpen beide Hände voll Ton. Jeder macht sich erst mit dem Ton vertraut: knetet, rollt, zieht ihn auseinander usw. Die Aufgabe lautet, aus dem Tonklumpen »den Trainer und sich selbst« in Form einer freien Skulptur darzustellen. Interessant ist dabei: Wie nimmt jeder Einzelne den Trainer wahr, und wie sieht er sich im Bezug zu ihm. Etwa 45 Minuten können die Teilnehmer in Ruhe an dem Thema arbeiten.

Im Plenum stellt jeder seine Skulpturen in Form eines Dialoges zwischen den Figuren vor:

Das heißt: Die eigene Figur stellt den Trainer vor, die Trainerfigur antwortet. Anschließend geschieht dies umgekehrt. Bezeichnungen, beispielsweise »sieht aus wie eine Tanne«, sollen ausgeschlossen werden, stattdessen erfolgt eine Beschreibung der Tonfigur. Die Formulierungen sollten klar und konkret, offen und ehrlich sein.

Dieser Dialog sagt viel über die Beziehung zwischen Teilnehmer und Trainer aus und hilft den anderen, eventuelle Probleme besser zu verstehen. Der Trainer sollte dazu keine Äußerungen machen, sondern das Feedback offen aufnehmen.

Eventuell kann er einen Gruppenleiter bestimmen, der darauf achtet, dass das Feedback angemessen ist: Interpretationen, Bewertungen und Projektionen vermeiden, wie zum Beispiel »ich sehe den Trainer wie meinen Vater«.

Beispielsituation   Eine Trainerfigur wurde in einem Seminar als »Buddha« bezeichnet. Da Bezeichnungen ausgeschlossen werden sollten, versuchte der Teilnehmer seine Trainerfigur im Dialog zu beschreiben: »Sie sind sehr rund und haben einen Bauch, in dem viele Gefühle sind, die mir gut tun. Auch der Kopf ist rund, aber nicht so groß. Es ist viel Wissen darin, wovon ich noch mehr im Seminar mitbekommen möchte.«

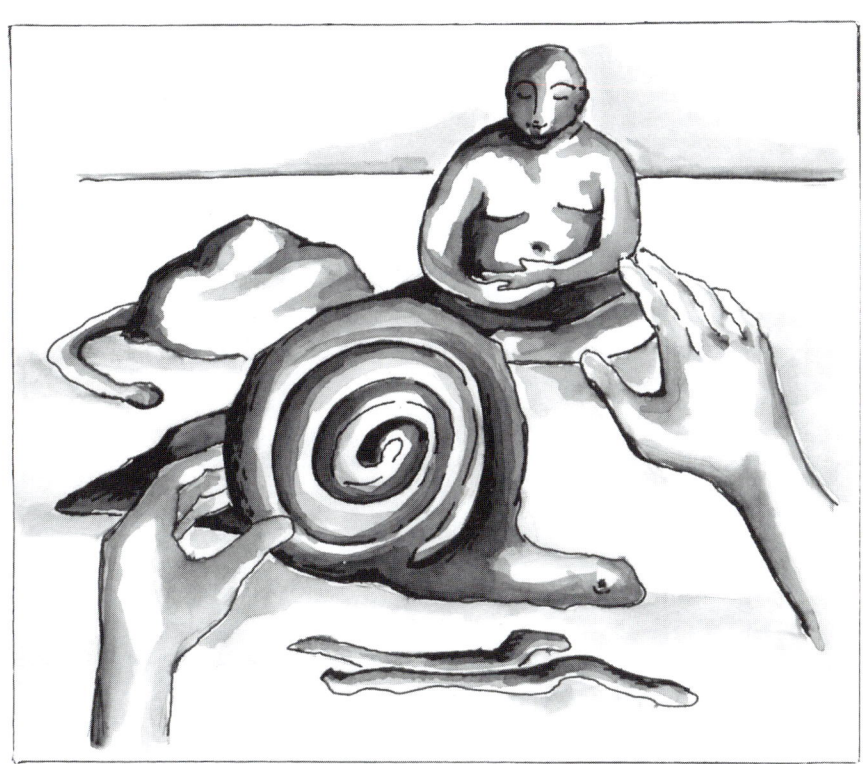

Wurmhausen

Dauer   Etwa vier Stunden.

Ziel   Kommunikation, Entspannung, Selbst- und Fremdwahrnehmung.

Beteiligte   Die Gesamtgruppe beträgt bis zu 16 Personen. Bei der Übung geht die Einzelarbeit in eine Gemeinschaftsarbeit.

Material
  ❖ Ton (etwa fünf Pfund je Teilnehmer)
  ❖ Plastikfolie

Durchführung   Alle Tische werden zusammengestellt und mit der Folie abgedeckt. In der Mitte liegt ein großer Berg Ton, sodass jeder Teilnehmer an den Ton herankommen kann. Alle sitzen um den Tisch. Das Thema wird bekannt gegeben. In der Regel löst es viel Gelächter aus, dass man einen Ort für Würmer entstehen lassen soll. Alle gehen sehr entspannt an die Arbeit. Jeder beginnt an seinem Platz Würmer zu rollen und Behausungen zu erstellen. Bei dieser Einzelarbeit sollten keine Gespräche geführt werden.

Wenn der Trainer sieht, dass viele Teilnehmer mit ihrem »Kleinwurmhausen« fast fertig sind, regt er die Teilnehmer an, aus den Einzelarbeiten eine Gemeinschaftsarbeit wachsen zu lassen. Dieses kann geschehen durch Brückenbau, unterirdische Gänge einen Staudamm usw. Hierbei müssen oft Blockaden überwunden werden, da die Teilnehmer sich nach außen öffnen sollen. Das geht bisweilen sehr zögerlich. Wenn diese Hürde überwunden ist, kommen die Teilnehmer schnell auf die Idee, Gemeinschaftseinrichtungen zu bauen, beispielsweise Kirchen, Krankenhäuser, Werkstätten.

Das Ende der Gemeinschaftsarbeit, nachdem sie von allen bewundert wurde, wird durch ein »Erdbeben« eingeleitet. Die Teilnehmer gehen mit den Händen unter die Folie und lassen ihre Arbeiten einstürzen. Aus »Wurmhausen« wird wieder ein Berg Ton. Manche retten einen Wurm zur Erinnerung.

Im Abschlussplenum werden die Erfahrungen ausgetauscht.

Variante   Das Thema »Mäusehausen« habe ich auch schon mit Erfolg eingesetzt.

Anmerkungen   Folgende Auswertungshilfen gebe ich in der Regel:

- Wie ging es den Teilnehmern bei der Einzelarbeit?
- Gab es Hürden zu überwinden, um für diese Gemeinschaftsarbeit mit den Nachbarn den Kontakt aufzunehmen? Welche?
- Wie fühlten sich die Teilnehmer bei der Zerstörung der Arbeit?

Tipps: Statt auf den Tischen kann die Folie auch auf dem Boden ausgebreitet werden, und die Teilnehmer arbeiten am Boden. Die Tische werden hierzu an den Rand geschoben. Dies ist jedoch nicht immer machbar. Zu berücksichtigen sind: Alter der Teilnehmer, Bodenbelag, Kleidung usw.

Dieses Übung setze ich gerne ein, wenn die Teilnehmer aus den verschiedensten Bereichen zu einem mehrtägigen Seminar kommen. In entspannter Atmosphäre fördert die Arbeit mit dem Ton die Kommunikation und öffnet die Teilnehmer für die fachliche Seite des Seminars.

Wir bauen ein Dorf

Dauer	Etwa sechs Stunden.
Ziel	Kooperation, Kommunikation, Selbst- und Fremdwahrnehmung, Teamwork.
Beteiligte	Für diese Gemeinschaftsarbeit empfehle ich eine Gesamtgruppe von 12–15 Personen.
Material	❖ Ton (etwa fünf Pfund je Teilnehmer) ❖ Plastikfolie

Durchführung

Alle Tische werden zusammengestellt und mit der Folie abgedeckt. In der Mitte liegt ein großer Berg Ton. Jeder Teilnehmer soll gut an den Ton herankommen. Alle sitzen um den großen Tisch. Das Thema »Wir bauen ein Dorf« wird bekannt gegeben. Es muss dabei vorher geklärt werden, ob es sich um ein Dorf mit Steinhäusern oder Blockhäusern oder ob es sich um eine Mischform handeln soll.

Jeder beginnt nun zunächst, sein Haus zu bauen. Für die Blockhäuser werden »Baumstämme« (ungefähr 2 cm dick) gerollt und für die Steinhäuser rechteckige Blöcke (2 cm dick) geformt. Daraus werden die Häuser erstellt. Fenster und Türen nicht vergessen! Manchmal muss man die Teilnehmer darauf hinweisen, da sie es im Eifer vergessen.

Um die einzelnen Häuser zu einem Dorf zusammenzuführen, werden sie nun mit anderen verbunden: beispielsweise mit Gärten, Straßen werden gebaut, Flüsse und Seen werden überbrückt. Einzelne Teilnehmer können Gemeinschaftsräume bauen wie die Dorfkirche, das Rathaus und die Schule. Bei dieser Arbeit unterstützt die verbale Kommunikation den kreativen Prozess. Selbstverständlich überlegt sich die Gruppe einen Namen für das Dorf.

Das Ende der Gemeinschaftsarbeit, nachdem sie von allen bewundert wurde, wird durch ein »Erdbeben« ausgelöst. Die Teilnehmer gehen mit den Händen unter die Folie und lassen ihre Arbeiten einstürzen. Aus dem Dorf wird wieder ein Berg Ton.

Im Abschlussplenum werden die Erfahrungen ausgetauscht.

Anmerkungen

Als Auswertungshilfen stelle ich den Teilnehmern folgende Fragen:

– Wie ging es Ihnen beim Hausbauen?
– Gab es Hürden zu überwinden, um für die Gemeinschaftsarbeit mit den Nachbarn den Kontakt aufzunehmen? Welche?
– Wie fühlten sich die Teilnehmer bei der Zerstörung der Arbeit?

Tipp: Da viele Teilnehmer mit der Zerstörung Probleme haben, besteht die Möglichkeit, vorher Fotos zu machen, die die Teilnehmer als Erinnerung erhalten.

Wenn die Teilnehmer aus verschiedenen Abteilungen einer Firma oder Institution kommen, setze ich diese Übung gerne ein, um das »Wir« zu kräftigen.

Beispielfoto

Arche Noah

Dauer	Vier Stunden.
Ziel	Prozessorientierte Gruppenarbeit, Kommunikation, Teamwork, Kooperation.
Beteiligte	Für diese Gemeinschaftsarbeit sollte die Gesamtgruppe nicht größer als zwölf Personen sein.
Material	❖ Ton (etwa fünf Pfund je Teilnehmer) ❖ Plastikfolie

Durchführung

Alle Tische werden zusammengestellt und mit der Folie abgedeckt. In der Mitte liegt ein großer Berg Ton, sodass jeder Teilnehmer an den Ton kommen kann. Alle sitzen um diesen großen Tisch. Das Thema »Arche Noah« wird bekannt gegeben, vielleicht erzählt der Trainer zum Einstimmen eine kleine Geschichte. Die Teilnehmer besprechen zunächst, wie sie aus der Hälfte des zur Verfügung stehenden Tons die Arche bauen. Wenn das Schiff in Gemeinschaftsarbeit fertig gestellt wurde, modelliert jeder aus dem restlichen Ton ein Tier, mit dem er sich am meisten identifizieren kann. Die Teilnehmer setzen dann ihr Tier an den Platz in der Arche, der ihnen am liebsten ist.

Im Plenum werden anschließend die Erfahrungen mit dieser Übung ausgetauscht.

Durch eine »Sintflut« wird die Arche Noah zerstört. Das bedeutet: Die Teilnehmer gehen mit den Händen unter die Folie und lassen ihre Arbeiten einstürzen. Aus der Arche wird wieder ein Berg Ton.

Variante

Bei der Variante: »Alle sitzen in einem Boot«, gestalten die Teilnehmer selber das Thema. Hierbei ist eine Einführung durch den Trainer erforderlich. Diese kann geschehen durch ein Plenumsgespräch oder Brainstorming. Auf jeden Fall sollten die Teilnehmer genügend Zeit haben, etwa eine halbe bis eine Stunde, zu klären, wie sie das Thema umsetzen wollen. Während der Tonarbeit ergeben sich manchmal gravierende Veränderungen, die für das Teamwork oft sehr wichtig sind.

Anmerkungen

Folgende Auswertungshilfen haben sich bewährt:

- Welche Hürden gab es zu überwinden, um die Arche Noah gemeinsam zu bauen?
- Wie ging es den Teilnehmern beim Finden und Modellieren ihres Tieres?
- Haben sie ihren Platz auf dem Schiff gefunden?
- Wie fühlten sich die Teilnehmer bei der Arbeit?

Tipps: Statt auf den Tischen kann die Folie auch auf dem Boden ausgebreitet werden, und die Teilnehmer arbeiten am Boden. Die Tische werden hierzu an den Rand geschoben. Dies ist jedoch nicht immer machbar. Das Alter der Teilnehmer, der Bodenbelag sowie die Kleidung müssen berücksichtigt werden.

Da viele Teilnehmer mit der Zerstörung Probleme haben, sollten vorher Fotos von der Arche Noah gemacht werden, die die Teilnehmer als Erinnerung erhalten.

Selbstverständlich können die Tiere mitgenommen werden.

Mein Problempartner

Dauer	Ungefähr drei Stunden.
Ziel	Selbst- und Fremdwahrnehmung, Kooperation, Kommunikation, Problemlösung.
Beteiligte	Für diese prozessorientierte Paararbeit empfehle ich eine Gruppenstärke von nicht mehr als 16 Personen.
Material	❖ Ton (etwa fünf Pfund je Teilnehmer) ❖ Plastikfolie

Durchführung

Jeder Teilnehmer sucht sich einen Partner, mit dem er Probleme hat. Das können beispielsweise unterschiedliche Meinungen sein. Es kann aber auch der Fall sein, dass man zu einem Teilnehmer bis zu diesem Zeitpunkt noch keinen Kontakt bekommen hat. Die Partner setzen sich gegenüber und tauschen ungefähr fünf Minuten ihre Erfahrungen miteinander aus. Jeder nimmt dann einen Klumpen Ton, etwa zwei Hände voll, und lässt den anderen so wachsen, wie er ihn empfindet. Hierbei wird nicht geredet. Insgesamt stehen 30 Minuten zur Verfügung.

Anschließend folgt ein Dialog zwischen den Tonfiguren. Das heißt, jeder versucht sich über die Tonfigur in den anderen hineinzuversetzen. Hierbei stellt sich in der Regel ein Verständnis für das Verhalten des Partners ein, denn man ist ja ein Stück weit in seine Haut geschlüpft. Wichtig ist der Austausch nach dem Dialog der Tonfiguren zwischen den Paaren. Zur Unterstützung bekommen die Partner Auswertungshilfen.

Die Ergebnisse aus der Paararbeit werden in der Gruppe vorgestellt, es folgt ein Erfahrungsaustausch.

Anmerkungen

Diese Auswertungshilfen bieten sich an:

– Wie war der erste Kontakt mit dem Partner?
– Welche Schwierigkeiten gab es bei der Darstellung des anderen?
– Welche Erkenntnisse gab es bei der Tonarbeit und beim Dialog?
– Wie wird der weitere Kontakt zwischen den Partnern sein?

Sandkasten

Geschichte

Sand und Erde sind Materialien, die bereits Urvölker als Ausdrucksmittel zum Gestalten angeregten. Sie sind überall verfügbar, in verschiedenen Farben und unterschiedlicher Konsistenz. Künstler sind gleichermaßen fasziniert von diesem ursprünglichen Material. Sie »malen« mit Farben, die aus der Erde hergestellt sind, beispielsweise mit den unterschiedlichsten Ockertönen, die in der Provence zu finden sind. Auch wird dem Sand Farbe und Kleister zugesetzt, um eine andere Konsistenz zu erreichen. Der Sand wird dann in der Regel auf einer Leinwand aufgebracht. Der spanische Künstler Antoni Tàpies trägt die Masse auf eine Holzplatte auf und bearbeitet sie mit den Händen und verschiedenen Werkzeugen. Erwähnenswert sind in diesem Zusammenhang auch die Künstler Rolf Iseli, Willi Baumeister und Emil Schumacher. Auf der X documenta 1997 in Kassel war Mariella Mosler mit einem Bodenrelief aus Sand vertreten, ihr raumeinnehmendes Flächenornament fand viel Beachtung.

Beschreibung der Technik

Jeder hat als Kind oft im Sand gespielt. Aus der Erinnerung wissen wir, wie er sich anfühlt: weich, durchlässig und formbar. Am Strand bauen auch Erwachsene gerne Burgen, Wasserkanäle und Höhlen. Es werden Spuren mit den Füßen und Händen gelegt. Mosaike entstehen, indem Muscheln und Steine in den Sand gedrückt werden. Aus Strandgut werden nach und nach Materialbilder und Landschaften. Der Fantasie sind keine Grenzen gesetzt, es kann experimentiert werden, man kann sich dabei wunderbar entspannen.

Ähnliche Erfahrungen können gemacht werden, wenn feiner, weißer Sand in eine Plastikschale gefüllt wird. Der Sand wird angefeuchtet, dann kann man mit ihm modellieren. Je mehr Wasser hinzukommt, umso matschiger wird der Sand. Eine gewisse Haltbarkeit erreicht man durch Beigabe von Kleister. Mit einem Gemisch von Sand, Wasser, Kleister und Farbe kann auf Spanplatten »gemalt« werden. Durch Eindrücken verschiedener Gegenstände entstehen dann so genannte Materialbilder.

Zielsetzung

Beim Arbeiten mit Sand werden die Teilnehmer in die Zeit zurückgeführt, wo sie als Kind noch Kreativität zeigen konnten und in langen Prozessen experimentierten, um zum Beispiel eine Landschaft, ein Relief der eigenen Vorstellungen wachsen zu lassen. Das persönliche, taktile und kinästhetische Erlebnis mit Sand soll wieder an diese verschüttete Kreativität heranführen.

Einzel-, Paar- und Gruppenarbeit

In der Paararbeit erfolgt ein intensiver Austausch über die gemachten Erfahrungen mit dem Sand und im Team. Besonders für die prozessorientierte Gruppenarbeit eignet sich der Einsatz von Sand.

Sandkasten: Vorbereitung und Planung

Dauer

Für die Arbeit am Sandkasten werden in der Regel zwei bis drei Stunden benötigt, es kann aber auch ein halber Seminartag eingeplant werden.

Gruppengröße

Für diese Arbeit ist eine kleinere Gruppengröße von zehn bis maximal 14 Personen empfehlenswert, da jeder Teilnehmer genügend Platz am Sandkasten haben sollte.

Seminarraum

Der Raum darf für diese Übungen nicht zu klein sein. Der Seminarraum sollte möglichst keinen Teppichboden haben, da Sand, eventuell mit Kleister angereichert, auf den Boden fallen kann. In einigen Seminarzentren gibt es bereits Sandkästen für Gruppenarbeiten. Das können Sie vorher abklären. Für die Musik sollte ein Kassettenrekorder bzw. CD-Player vorhanden sein.

Material

- ❖ Feiner, weißer Sand, etwa drei bis vier Kilo je Teilnehmer: Die Menge richtet sich nach der Anzahl der Teilnehmer und dem geplanten Einsatz. Es gibt unterschiedliche Sandsackgrößen. Für Frauen sind kleinere Gebinde wegen des Gewichtes anzuraten, nicht immer steht ein hilfreicher Teilnehmer zur Seite.
- ❖ Plastikschüsseln je nach Thema:
  70 × 45 cm, mindestens 5 cm tief, für mehrere Teilnehmer,
  50 × 50 cm, mindestens 5 cm tief (beispielsweise Fußbadewannen), für zwei Teilnehmer,
  30 × 25 cm, mindestens 5 cm tief (Vorratsbehälter lassen sich gut stapeln und transportieren), pro Teilnehmer.
- ❖ Gießkanne mit Wasser zum Anfeuchten des Sandes.
- ❖ Tapetenkleister zum Modellieren: Er sollte so angerührt werden, dass er noch flüssig ist.
- ❖ Zeitungspapier zum Abdecken der Tische.
- ❖ Müllsack.
- ❖ Ein Fotoapparat, um die Arbeiten festzuhalten.

Ablauf

Die Teilnehmer sollen nur mit den Händen im Sand arbeiten. Der Gebrauch von Gegenständen wie Stiften sollte untersagt werden, da das taktile Erlebnis sonst ausgeschlossen wird. Wenn die Teilnehmer die Sandschüsseln erhalten haben, ist eine sensible Einführung durch den Trainer unerlässlich. Bei den Themenbeispielen dieses Kapitels eignen sich meines Erachtens besonders Fantasiereisen. Ruhe im Raum und in Absprache mit den Teilnehmern leise Entspannungsmusik fördern die Auseinandersetzung mit dem Thema.

Zum Modellieren kann dem Sand Kleister zugefügt werden. Meistens kann er dann aber nicht wieder verwendet werden und landet im Müll.

Wenn die Teilnehmer fertig sind, setzen sie sich mit ihren Arbeiten auseinander – je nach Thema paarweise oder in Kleingruppen. Interpretationen und Beurteilungen sollten ausgeschlossen sein! Im Plenum berichten die Teilnehmer oder ein Protokollführer aus der Gruppe über Erkenntnisse und Erfahrungen mit dem Sand und beim Teamwork.

Die Arbeiten können zur Erinnerung fotografiert werden.

Ergänzende Übungen

Die Arbeit mit Sand kann erweitert werden, indem den Teilnehmern Gegenstände zur Verfügung gestellt werden, zum Beispiel Fahrzeuge, Tiere, Figuren, Lego-Steine.

Anmerkungen

Tipp: Einige der Themenbeispiele können im Winter auch im Schnee gemacht werden!

Polaritäten

Dauer	Etwa zwei Stunden.
Ziel	Meditation, Schärfung der Wahrnehmung.
Beteiligte	Die Gesamtgruppe kann 16 Personen umfassen. Die Übung wird als Einzelarbeit durchgeführt.

Material

- ❖ Feiner, weißer Sand, drei bis vier Kilo je Schüssel
- ❖ Plastikschüsseln 30 × 25cm, mindestens 5 cm tief, eine pro Teilnehmer
- ❖ Gießkanne mit Wasser zum Anfeuchten des Sandes
- ❖ Tapetenkleister: Er wird zum Modellieren mit Wasser angerührt und dem Sand beigemengt
- ❖ Zeitungspapier zum Abdecken der Tische

Durchführung

Nachdem die Teilnehmer ihre Sandschüssel erhalten haben, werden am Flipchart oder mit Karten Polaritäten gesammelt. Jeder sucht sich ein Thema aus, das ihn anspricht. Die Teilnehmer bauen diese Gegensätze ganz frei aus dem angefeuchteten Sand. Ruhe ist im Raum, und im Hintergrund spielt leise Musik zur Entspannung. Nach einer halben Stunde bekommen die Teilnehmer die Möglichkeit, über die Erfahrungen, die sie bei den Sandbildern gemacht haben, im Plenum zu berichten. Interessant ist auch zu erfahren, warum diese Polarität gewählt wurde. Interpretationen und Beurteilungen sind ausgeschlossen!

Die Schüsseln werden zum Trocknen des Sandes auf einen Tisch gestellt und können zur Erinnerung fotografiert werden.

Ergänzende Übung

Kommen mehrere gleiche Polaritäten vor, können sich die Teilnehmer mit demselben Ergebnis in Kleingruppen zusammenfinden und darüber reflektieren, warum sie ausgerechnet dieses gegensätzliche Paar ausgewählt haben.

Variationen

Der Trainer kann auch Polaritäten vorgeben, beispielsweise: positiv/negativ, offen/geschlossen, verantwortlich/verrückt.

Begegnung der Spuren

Dauer

Etwa zwei Stunden.

Ziel

Kommunikation, Schärfung der Wahrnehmung, Warming-up, Meditation.

Beteiligte

Für diese Gemeinschaftsarbeit kann die Gruppengröße aus 10–16 Personen bestehen.

Material

Wenn kein Sandkasten im Seminarzentrum zur Verfügung steht, ist folgendes Material notwendig:

❖ Feiner, weißer Sand: Die Menge richtet sich nach der Anzahl der Teilnehmer
❖ zwei bis drei Plastikschüsseln, 70 × 45 cm, mindestens 5 cm tief
❖ Gießkanne mit Wasser zum Anfeuchten des Sandes
❖ Zeitungspapier zum Abdecken der Tische

Durchführung

Dieses Themenbeispiel ist besonders geeignet für einen großen Sandkasten, an dem die ganze Gruppe arbeiten kann. Ist dies nicht möglich, sollten Kleingruppen gebildet werden.

Die Teilnehmer entwickeln ihren ganz persönlichen Abdruck. Dieser kann mit zwei Fingern, der Handfläche, dem Ellbogen etc. entstehen, und er soll nicht nur einmal erfolgen. Wenn alle ihren Abdruck haben, bewegen sie sich wie die Tiere in der Natur über den Sand und hinterlassen ihre Spur. Es gibt Überschneidungen, Treffpunkte, Scharrspuren usw.

Es sollte bei dem Umschreiten des Sandtisches ganz leise sein, damit die Teilnehmer sich bei dieser nonverbalen Kommunikation wahrnehmen. In Absprache kann Musik spielen. Wenn es an einer Stelle zu eng wird, kann an anderer Stelle eine neue Spur gelegt werden.

Wenn die Gruppe feststellt, dass genug Spuren gelegt worden sind, wird das Gemeinschaftswerk begutachtet. Die Teilnehmer berichten, wie es ihnen bei dem Spurenlegen und den Begegnungen gegangen ist.

Anmerkungen

Im Winter, wenn ich eine große freie unberührte Schneefläche finde, verlege ich diese Spurenbegegnung nach draußen.

Besonders in Fachseminaren, in denen die Teilnehmer viel schriftlich erarbeiten müssen, biete ich diese Übung gerne an. So bekommen alle wieder einen freien Kopf.

Meine Wegekarte

Dauer   Ungefähr zwei Stunden.

Ziel   Lebenslinie, Meditation, Schärfung der Wahrnehmung.

Beteiligte   Da die Einzelarbeit in Kleingruppen bearbeitet wird, empfiehlt sich eine Gruppengröße von 16 Personen (gerade Zahl). Sollte dies nicht möglich sein, kann sich auch eine Dreiergruppe zusammenfinden.

Material
- Feiner, weißer Sand, drei bis vier Kilo je Schüssel
- Plastikschüsseln, 30 × 25 cm, mindestens 5 cm tief, eine pro Teilnehmer
- Gießkanne mit Wasser zum Anfeuchten des Sandes
- Zeitungspapier zum Abdecken der Tische

Ablauf   Die Teilnehmer erhalten eine Schüssel voll Sand. Während der Trainer die Gruppe zum Beispiel mit einer Fantasiereise auf das Thema einstimmt, ertasten die Teilnehmer bereits den Sand, der auch angefeuchtet werden kann. Das Thema wird wie folgt ausgeführt: Die individuelle »Wegekarte«, beispielsweise der berufliche oder private Lebensweg, wird mit den Fingern in den Sand gezeichnet, gute Orte, markiert, steinige, holprige Straßen und Hindernisse werden modelliert. Ruhe ist im Raum, und leise Entspannungsmusik läuft im Hintergrund. Die Teilnehmer benötigen hierfür mindestens eine halbe Stunde. Sie finden sich dann mit ihren Sandkarten in Kleingruppen zusammen und tauschen ihre Erfahrungen und Erkenntnisse aus. Interpretationen und Beurteilungen sind selbstverständlich ausgeschlossen!

Die Sandschüsseln werden zum Trocknen des Sandes auf einem Tisch ausgestellt und können zur Erinnerung fotografiert werden.

Ergänzende Übung   Es kann die Frage gestellt werden: »Wo möchte ich hingehen?« Dies kann je nach Seminarthema ein Platz auf der »Wegekarte« sein, aber auch eine Zielvorstellung.

Anmerkungen   Statt eine Lebenslinie mit ihren Höhen und Tiefen in Seminaren zeichnen zu lassen, nehme ich gerne diese Sandübung.

Oase in der Wüste

Dauer	Ungefähr zwei Stunden.
Ziel	Teamwork, Kommunikation, Kooperation, Anregung der Fantasie.
Beteiligte	Für die Paararbeit sollte die Gesamtgruppe nicht größer als 16 Personen (gerade Zahl) sein.

Material

- ❖ Feiner, weißer Sand
- ❖ Plastikschüsseln, 50 × 50, mindestens 5 cm tief (zum Beispiel Fußbadewannen), für zwei Teilnehmer
- ❖ Gießkanne mit Wasser zum Anfeuchten des Sandes
- ❖ Tapetenkleister zum Modellieren
- ❖ Zeitungspapier zum Abdecken der Tische
- ❖ Müllsack

Durchführung

Jeder Teilnehmer sucht sich einen Partner, mit dem er zusammen die Oase »entdecken« möchte. Die Gruppe oder die Paare machen einen kurzen Spaziergang in die Natur, beispielsweise in einem Park. Dort sammeln sie Steinchen, Zweige etc. – Naturmaterial, von dem sie glauben, es für ihre Oase verwenden zu können. Im Seminarraum erhalten die Teams dann ihre Sandschüssel. Der Sand kann mit Wasser, aber auch mit Tapetenkleister angereichert werden, um ihn modellierfähiger zu machen. Der Trainer stimmt die Teilnehmer auf das Thema ein, zum Beispiel mit einer Fantasiereise »Die Fata Morgana in der Wüste«. Zuerst wird eine Wüstenlandschaft geformt. Hierbei geht es nicht um eine Nachbildung, sondern sie wächst aus der Assoziation. Die Partner überlegen, wo ihre Oase liegen soll, und gestalten sie mit den Naturmaterialien. Sie überlegen, wie sie dort campieren können. Welchen Namen hat die Oase? Sind alle Paare fertig, berichten sie im Plenum über ihre Erkenntnisse aus dem Teamwork. Die Arbeiten können fotografiert werden, und anschließend wandern sie in den Müllsack.

Ergänzende Übung

Ergänzende Anregungen sind im Themenbeispiel zum Kapitel »Malen« unter »Inselleben« zu finden.

Sandburgen

Dauer	Ein halber Seminartag.
Ziel	Teamwork, Problemlösung, Schärfung der Wahrnehmung, Kommunikation, Kooperation.
Beteiligte	Für diese Gemeinschaftsarbeit kann die Gruppe aus 16 Personen bestehen.
Durchführung	Wenn der Seminarort am Meer liegt, warum sollte dann nicht der Vorteil dieser Lage genutzt und ein Teil des Seminars nach draußen verlegt werden. Am Strand bieten sich, natürlich bei halbwegs gutem Wetter, die besten Voraussetzungen für Gruppen- oder Gemeinschaftsarbeiten. Warum soll der Trainer nicht auf die »alte Sandburg« zurückgreifen? Es ist, wie wir aus der Kindheit wissen, die beste Form von Teamwork.

❖ Was soll gebaut werden?
❖ Ist Meernähe wegen dem Wasser erforderlich?
❖ Welche Materialien werden benötigt? (Muscheln, Schnecken, Strandgut usw.)
❖ Welchen Namen bekommt die Sandburg?

Wird die Gruppe in Kleingruppen unterteilt, können vorher von den Teilnehmern als Anreiz Kriterien für einen Wettbewerb erarbeitet werden.

Im Plenum berichten die Teilnehmer anschließend über ihre Erkenntnisse und Erfahrung, die sie beim Bauen, auch im Team, gemacht haben.

Varianten	Weiter Vorschläge sind unter den Themenbeispielen im Kapitel »Ton« zu finden.

Es besteht auch die Möglichkeit, eine Foto- oder Videodokumentation durch die Teilnehmer anzubieten (siehe dazu das Kapitel »Fotografie und Video«, Seite 174ff.).

Bildbeispiel

Masken

Geschichte

Masken gehören zu den frühesten Zeugnissen der Kultur und kommen mit eigenen Formen zu allen Zeiten und in allen Erdteilen vor. Seit frühester Zeit wurden sie zum Beispiel bei Kult-Tänzen verwendet.

Dem Spieler gibt die Maske die Möglichkeit, in eine andere Rolle zu schlüpfen, über sich hinauszusteigen. Das »zweite Gesicht«, sich zu verwandeln, ist ein Wunsch des Menschen, der so alt ist wie die Menschheit selbst. Jeder Kulturkreis hat seine Masken, mit denen getanzt, gespielt, verhext, geängstigt wird.

Interessant ist, dass der Maskentanz, einschließlich der weiblichen Figuren, in der Regel von Männern aufgeführt wird. Besonders bekannt sind heute noch beispielsweise die Masken aus dem indonesischen Tanztheater, aus der Commedia dell'arte und aus dem Brauchtum die Karnevals- und Perchtenmasken. Auch die Totenmaske sollte nicht vergessen werde, die dazu diente, vor allem das Gesicht des Verstorbenen zu bewahren.

Das Wort Maske kommt aus dem Italienischen »maschera«, abgeleitet von dem arabischen Wort »mas-chara«, was Possenreißen bedeutet. Die verschiedensten Materialien wurden zur Fertigung einer Maske verwendet. Die ersten Masken wurden aus Tierhäuten und Fasergeflechten hergestellt, wie sie noch in Südamerika zu finden sind. Holzmasken hatten die längste Lebensdauer und wurden häufig über Generationen weitervererbt.

Wir unterscheiden in der Regel drei Grundformen von Masken: die **Gesichtsmaske**, die von der Stirn bis zum Kinn reicht, wobei der Hinterkopf frei bleibt, die **Kopfmaske** bzw. Stülpmaske, die den Kopf ganz bedeckt und meistens auf den Schultern aufliegt, sowie die **Kapuzenmaske**, die meist aus Stoff hergestellt ist und ebenfalls den Kopf vollständig bedeckt.

Die Maske ist heute wieder ein wichtiges Medium geworden. Wir finden sie im Straßentheater, Theater, Musical und Film, aber ebenso in den therapeutischen und pädagogischen Bereichen. Dabei spielt nicht nur der Einsatz, sondern auch die Herstellung der Maske eine große Rolle.

Beschreibung der Technik

Am bekanntesten ist die Herstellung von Masken aus Gipsbinden, die vom eigenen Gesicht oder einer kopfähnlichen Form abgenommen und frei weiter gestaltet werden. Es besteht jedoch auch die Möglichkeit, Masken aus unterschiedlichsten Materialien, zum Beispiel Luftballons, Draht, Papier, Holz, Leder, herzustellen. Am einfachsten ist die Verwendung von Tüten oder Kartons. Der Kreativität sind keine Grenzen gesetzt. Aus diesem Grund sind bei diesem Medium keine Themen angegeben, sondern lediglich einige Techniken des Maskenbaues beschrieben, die sich für den Einsatz im Seminar eignen.

Zielsetzung

Das Experimentieren mit dem Material, der Umgang mit Formen und Farben, um die eigene Maske zu erstellen, ist der Beginn eines Prozesses. Gegenseitig helfen sich die Paare zum Beispiel beim Gipsabdruck und tauschen sich über die entstandenen Masken aus. Natürlich sollen diese nicht wie Bilder an die Wand gehängt werden, die Masken brauchen Leben, Bewegung und die Kommunikation. Mit dem Partner wird zuerst, meist zaghaft, versucht mit der Maske zu spielen. Requisiten werden eingesetzt, Kleidung und dann die Körperhaltung verändert. Langsam lösen sich die Zweiergruppen, die Teilnehmer gehen maskiert in die Seminargruppe, wo aus der freien Improvisation »Theaterspielen« von selbst entsteht.

Erfahrungen mit dem Einsatz dieser Technik

Die Auseinandersetzung mit sich selbst, dem Partner und das »in eine andere Rolle schlüpfen« ist bei dieser Arbeit besonders intensiv. Es ist erstaunlich, wie sich die Teilnehmer hinter der Maske verändern.

Masken: Vorbereitung und Planung

Dauer

Für die Herstellung der Maske wird ein halber bis ein ganzer Seminartag benötigt. Sinnvoll ist es, die Arbeit auf den Nachmittag zu legen, um die Möglichkeit zu haben, am Abend ein Stegreiftheater zu versuchen. Während des Abendessens kann die Farbe auf den Masken trocknen.

Gruppengröße

Für das Stegreifspiel mit den Masken ist eine Seminargruppe von 16 Personen empfehlenswert. Die Gruppe kann durchaus auch größer sein.

Seminarraum

Der Seminarraum sollte keinen Teppichboden haben, da Farben und Gips nicht zu entfernen sind und eventuell mit Wasser gearbeitet wird. Der Raum muss für die Paararbeit groß genug sein, oder es müssen mehrere Nebenräume zur Verfügung stehen. Es sollte ein Kassettenrekorder bzw. ein CD-Player vorhanden sein, um Musik als Untermalung spielen zu lassen bei der Herstellung oder der Improvisation mit den Masken.

Material

Bei den verschiedenen Techniken der Maskenherstellung beschreibe ich das Material genau, das jeweils benötigt wird.

Ablauf

Die Tische im Seminarraum werden so an den Rand gestellt, dass einerseits die Teilnehmer daran arbeiten können und andererseits für das improvisierte Rollenspiel ein freier Raum in der Mitte entsteht. Alle Tische werden vorher abgedeckt. Auf einem Tisch sind die vorbereiteten Materialien ausgelegt.

Die Teilnehmer setzen sich in den Stuhlkreis. Der Trainer erklärt den Ablauf des Maskenbaues und stimmt die Gruppe, vielleicht mit einer Fantasiereise, auf diese Seminarsequenz ein. Die Teilnehmer holen sich die erforderlichen Materialien. Im Hintergrund spielt leise Entspannungsmusik, und die Herstellung der Masken kann beginnen. Der Trainer begleitet den kreativen Prozess und steht auf Verlangen beratend zur Seite. Er soll sich nicht verführen lassen, an einer Maske selber Hand anzulegen, das behindert das Experimentieren und verändert in der Regel auch den Ausdruck der Maske. Wenn die Masken fertig sind, werden sie begutachtet und die Erfahrungen und Erkenntnisse ausgetauscht.

Die Aufforderung zum Spiel mit den Masken kann sich aus der Gruppe heraus entwickeln. Es kann aber auch zum Beispiel eine Vorstellrunde der Maskierten erfolgen. Die Maske aufzusetzen, mit Leben zu füllen, mit anderen in Kontakt zu treten, in eine andere Rolle zu schlüpfen und sich selbst dabei wahrzunehmen sind einmalige Erlebnisse.

Aus diesem Grund ist es bei dieser prozessorientierten Arbeit besonders notwendig, eine Abschlussrunde zu bilden, in der die Teilnehmer über die Erfahrungen, aber auch über die gewonnenen Erkenntnisse berichten können. Dabei sind Interpretationen selbstverständlich ausgeschlossen.

Anschließend wird gemeinsam aufgeräumt, dies fördert die Zusammenarbeit und die Gruppenverantwortung.

Anmerkungen

Tipp: Der Einsatz von Masken bietet sich auch zu bestimmten Zeiten an, zum Beispiel besonders zum Karneval.

Kleidung: Weisen Sie die Teilnehmer darauf hin, dass sie unempfindliche Kleidung mitbringen oder einen alten Kittel (siehe Kapitel »Malen«, Seite 58).

Generell gelten folgende Auswertungshilfen:

❖ Wie ging es den Teilnehmern bei der Herstellung der Masken?
❖ Welche Probleme traten beim Experimentieren auf?
❖ Hat sich die Maske während der Herstellung verändert? (Wurde beispielsweise aus einem Mond eine Sonne?)
❖ Wie fühlten sich die Teilnehmer unter der Maske?
❖ Was nahmen die Teilnehmer beim Spiel mit der Maske wahr?
❖ Wie fühlen sie sich jetzt?
❖ Welche Erkenntnisse nehmen die Teilnehmer mit?

Musik: Bei der Herstellung der Maske sollte Entspannungsmusik und beim Spiel langsame Tanzmusik gespielt werden.

Masken aus Gipsbinden

Dauer   Mindestens ein halber, nach Möglichkeit ein ganzer Seminartag.

Ziel   Selbstwahrnehmung, Fremdwahrnehmung, Kommunikation, Team-
                     work, Anregung der Fantasie, Ideenfindung, Rollenspiel.

Beteiligte   Für diese Paararbeit sollte die Gruppe aus etwa 16 Personen bestehen.

Material   Im Seminarraum oder in der Nähe sollte ein Waschbecken vorhanden
                     sein, da relativ viel Wasser benötigt wird.

- Gipsbinden, etwa acht Zentimeter breit
- Plastikteller bzw. -schüsseln (20 cm Durchmesser), je Paar ein Gefäß
- Vaseline oder eine große Dose Nivea-Creme
- Leinenbänder (etwa 2 cm breit) oder Holzstäbe (Laternenstöcke), 30–40 cm lang
- Küchenpapier, um das Gesicht abzudecken
- Scheren
- Zeitungspapier zum Abdecken
- Dispersionsfarben (rot, gelb, blau, schwarz, weiß). Große Plastikflaschen gibt es im Malergeschäft oder Baumärkten
- Plastikpaletten oder Pappteller zum Mischen der Farben
- Borstenpinsel: Ausreichend sind einfache, nicht zu dünne Pinsel
- Wasserbehälter: Marmeladengläser oder Dosen zum Malen
- ein großer Plastiksack für die Abfälle

Durchführung   Jeder Teilnehmer sucht sich einen Partner, mit dem er zusammen die
                     Maske abnehmen möchte. Eine Schüssel Wasser steht bereit, Papier zum
                     Abdecken des Gesichtes sowie die Gipsbinden, die vorher in vier bis fünf
                     Zentimeter breite Streifen geschnitten wurden. Partner A legt sich auf
                     den vorher abgedeckten Boden bzw. setzt sich auf einen Stuhl an die
                     Wand, an die der Kopf angelehnt werden kann. Es herrscht eine ruhige
                     Atmosphäre im Raum, sodass jeder sich entspannen kann. Jetzt beginnt
                     Partner B das Gesicht von A gut mit Vaseline einzufetten, besonders die
                     Haaransätze, Augenbrauen, Bart und leicht die Wimpern. Haare und
                     Halsansatz werden mit Papier abgedeckt, man kann auch das Gesicht mit
                     dünnem Papier, beispielsweise Toilettenpapier, bedecken. Die Gipsstrei-

fen werden einzeln im Wasser angefeuchtet und über das Gesicht verteilt, wobei die Augen, die Lippen und die Nasenlöcher frei bleiben. Es folgen zwei bis drei weitere Schichten. Da der Gips weich ist, lässt er sich gut verstreichen, so wird die Maskenoberfläche glatt. Ungefähr 20 Minuten trocknet die Maske auf dem Gesicht, hierbei sollten die Partner zusammenbleiben, da manchem Teilnehmer darunter sehr warm wird. Dann wird der Abdruck vorsichtig abgenommen, das ziept ein bisschen, da schon mal ein Haar im Gips hängen bleibt. Anschließend wechseln die Partner.

Wenn beide Masken abgenommen sind, können die Teilnehmer ihren Abdruck weiter mit Gips und Farbe bearbeiten und verändern. Mit Papier oder Watte können dicke Backen oder ein längeres Kinn modelliert und mit Gipsstreifen abgedeckt werden. Auch sonstige Materialien können eingearbeitet und mit Gips befestigt werden.

Für das Spielen mit der Maske sollte überlegt werden, wie diese am Kopf festgebunden wird. Die einfachste Möglichkeit besteht darin, über den Ohren in Augenhöhe in die Maske, mit zwei Zentimeter Abstand zum Rand, Löcher zu bohren und Bänder zu befestigen. Es ist aber auch möglich, am Rand der Maske mit Gipsstreifen einen Stock zu befestigen, sodass man sie vor das Gesicht halten kann, was natürlich die Bewegungsfreiheit beim Spiel einschränkt.

Wichtig ist bei dieser Art des Maskenbaues, dass der Trainer die Teilnehmer genau über den Ablauf des Gipsabdruckes informiert und sie darauf einstimmt. Nicht jeder hat es gerne, sein Gesicht mit Gips abdecken zu lassen, obwohl es ein angenehmes Gefühl sein und sehr entspannend wirken kann. Für Teilnehmer, die Probleme damit haben, beispielsweise weil sie allergisch sind, habe ich Gesichtsmasken aus Plastik dabei, die es in Geschäften für Bastelbedarf, besonders in der Karnevalszeit, gibt. Der Prozess sollte vom Trainer wachsam begleitet werden.

Wenn die Masken fertig sind, tauschen die Paare ihre Erfahrungen aus, die sie beim Entstehen der Maske gemacht haben. Langsam versuchen sie, Leben in die Maske zu bringen, sie setzen sie auf und gehen über die Masken in den Dialog, erst mit dem Partner, dann in der Gruppe. Musik ermuntert zum Tanzen und unterstützt die Bewegung.

Die Aufforderung zum Spiel kann durch eine Vorstellrunde der Maskierten erfolgen.

Beendet wird die Aktion mit einer Abschlussrunde, in der die Teilnehmer über ihre Erfahrungen beim Maskenbau und Spiel berichten.

Anmerkungen

Tipp: Statt Küchenpapier habe ich noch lieber Toilettenpapier für das Abdecken des Gesichtes verwendet. Es wurde außerdem gerne zum »Verkleiden« eingesetzt.

Bildbeispiel

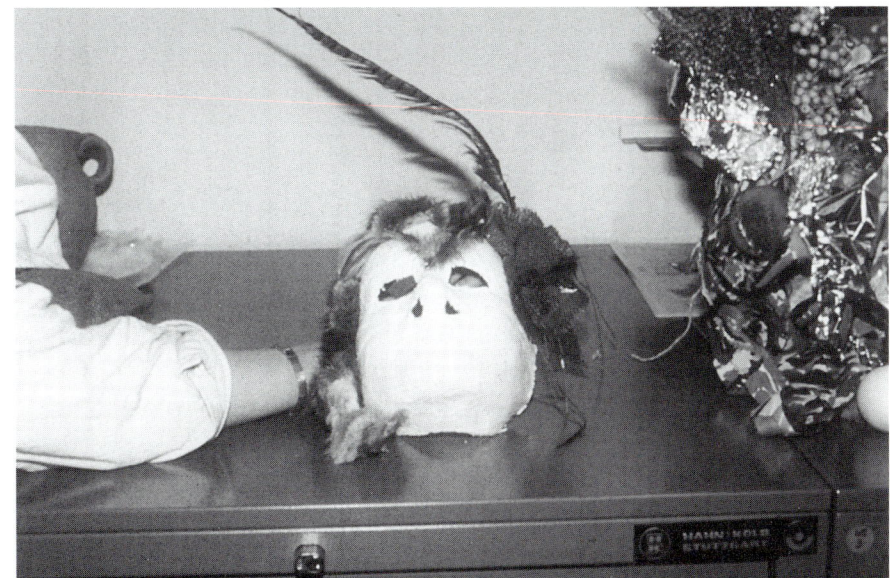

Kapuzenmasken

Dauer   Ein halber Seminartag.

Ziel   Selbstwahrnehmung, Fremdwahrnehmung, Kommunikation, Team-
                  work, Anregung der Fantasie, Ideenfindung, Rollenspiel.

Beteiligte   Für diese Übung, die als Paararbeit ausgeführt wird, sollte die Ge-
                  samtgruppe nicht größer als 16 Personen sein.

Material   ❖ Tüten: Die Tüten sollten größer sein als der Kopf. Sie können aus
                    unterschiedlichen Materialien bestehen, zum Beispiel Papier, Plastik.
                    Auch Pappkartons eignen sich sehr gut
                  ❖ Scheren
                  ❖ Klebstoff
                  ❖ Tacker (Hefter)
                  ❖ Tesakrepp

                  Ergänzend dazu:
                  ❖ Zeitungspapier zum Abdecken
                  ❖ Dispersionsfarben (rot, gelb, blau, schwarz, weiß)
                  ❖ große Plastikflaschen gibt es im Malergeschäft
                  ❖ Plastikpaletten oder Pappteller zum Mischen der Farben
                  ❖ Borstenpinsel: Ausreichend sind einfache, nicht zu dünne Pinsel
                  ❖ Wasserbehälter: Marmeladengläser oder Dosen zum Malen
                  ❖ ein großer Plastiksack für die Abfälle

Durchführung Jeder Teilnehmer sucht sich einen Partner, mit dem er zusammen die
                  Maske bauen möchte. Die Teilnehmer suchen sich eine geeignete Tüte.
                  Um eine Maske zu erhalten, reicht es schon oft, Löcher für Augen und
                  Mund auszuschneiden. Jedoch sollte der Trainer auf die verschiedenen
                  Möglichkeiten der Gestaltung hinweisen und die Fantasie anregen. Form,
                  Farbe und der Aufdruck der Tüte können bereits inspirieren. Zwei Tüten
                  können, ineinander gesteckt, völlig neue Formen erhalten. Durch Ein-
                  schneiden, Aufklappen und Ankleben können unter anderem lange Na-
                  sen und Bärte herausgeholt werden. Besonders bei Plastiktüten kann
                  man Teile abschnüren oder wegbinden und so der Maske zum Beispiel
                  Hörner geben.

Die Gestaltung der Masken kann durch den Einsatz von Farben erweitert werden.

Die Paare unterstützen und regen sich gegenseitig an. Die fertigen Masken werden aufgesetzt, und die Teilnehmer versuchen, sich damit zu bewegen. Dann gehen sie auf eine Maske zu, mit der sie in den Dialog treten möchten, und versuchen ein kleines Spiel. Leise Musik, die auch zum Tanzen anregen soll, spielt im Hintergrund.

In einer Abschlussrunde erzählen die Teilnehmer, wie es ihnen beim Bau der Maske und beim Spiel ergangen ist.

Anmerkungen Achtung! Besondere Vorsicht ist bei der Verwendung von Plastiktüten anzuraten. Die Tüten dürfen erst über den Kopf gestülpt werden, wenn große Löcher eine ausreichende Luftzufuhr gewährleisten!

Ballonmasken

Dauer Ein bis zwei Stunden für das Maskengerüst.
Ein halber Seminartag für die Gestaltung der Maske.

Ziel Selbstwahrnehmung, Fremdwahrnehmung, Kommunikation, Teamwork, Anregung der Fantasie, Ideenfindung, Rollenspiel.

Beteiligte Die Gesamtgruppe sollte für diese Einzelarbeit nicht größer als 12 Personen sein.

Material
- ❖ Luftballons, mittelgroß, zwei je Teilnehmer
- ❖ Zeitungspapier (zehn Doppelbogen je Teilnehmer) zum Abdecken der Tische, für das Gerüst der Maske und zum Modellieren
- ❖ Tapetenkleister, eine große Packung
- ❖ breite Pinsel für den Kleister
- ❖ ein Plastikeimer (5 l) mit gut schließendem Deckel
- ❖ Plastikteller bzw. -schüsseln (10–20 cm Durchmesser)
- ❖ Scheren
- ❖ Dispersionsfarben (rot, gelb, blau, schwarz, weiß). Große Plastikflaschen gibt es im Malergeschäft oder Baumärkten
- ❖ Plastikpaletten oder Pappteller zum Mischen der Farben
- ❖ Borstenpinsel zum Malen: Ausreichend sind einfache, nicht zu dünne Pinsel
- ❖ Wasserbehälter: Marmeladengläser oder Dosen zum Malen
- ❖ farbloser Schellack
- ❖ ein großer Plastiksack für die Abfälle

Durchführung Die Luftballons werden von den Teilnehmern nicht zu groß aufgeblasen und gut zugeknotet. Das Zeitungspapier wird in Streifen von etwa fünf Zentimetern gerissen oder geschnitten. Der Trainer hat einen Eimer mit nicht zu dünnem Kleister vorbereitet. Die Teilnehmer versorgen sich mit dem Kleister und Pinsel und bekleben den Luftballon in mehreren Schichten (etwa sechs) nacheinander kreuz und quer mit den Papierstreifen. Die Form soll gut zusammenhalten. Den Kleister nicht zu reichlich verwenden, da sonst das Trocknen, für das etwa zwei Tage einzurechnen sind, zu lange dauert.

Ist die Schicht getrocknet, lässt man die Luft heraus und zieht den Ballon langsam und vorsichtig aus der Form. Mit einer Schere wird der entstandene Zeitungsballon halbiert. Eine Hälfte ist die Grundform für die Maske, die andere Hälfte wird zum Gestalten verwendet, zum Beispiel für Nase, Ohren und Augen. Jetzt kann eine Maske nach den eigenen Vorstellungen entstehen. Zum Modellieren werden Papierstreifen mit Kleister verwendet. Selbstverständlich können auch andere Materialien wie Draht mit eingebaut werden. Der Ausdruck der modellierten Maske wird durch das Bemalen verstärkt. Sie kann erst mit einer Farbe grundiert werden, dann werden die Details mit Farbe herausgearbeitet. Damit der Trocknungsprozess nicht zu lange dauert, sollte man nicht zu viel Wasser nehmen.

Die fertigen Masken liegen in der Mitte im Kreis. Es wird über den Herstellungsprozess berichtet. Anschließend sucht sich jeder Teilnehmer die Maske, die ihn besonders anspricht. Da es nicht die eigene Maske sein muss, sollte es in der Gruppe vorher angesprochen werden. Es kann durchaus sein, dass ein Teilnehmer seine Maske nicht ausleihen möchte, das muss respektiert werden. Mit der ausgesuchten Maske sucht sich jeder einen Partner, mit dem er einen Dialog mit den und über die Masken führt.

Im Plenum berichten die Paare, was sie mit den Masken entdeckt haben.

Ergänzende Übung

Es besteht die Möglichkeit, die Masken im Anschluss an die erste Runde wieder in den Kreis zu legen und mit einer neu gewählten Maske andere Erfahrungen und Erkenntnisse zu sammeln. Interessant ist dann, wie unterschiedlich ein anderer Teilnehmer auf dieselbe Maske reagiert.

Anmerkungen

Eine Anregung aus meinen Erfahrungen möchte ich noch weitergeben: Ich habe den Kleister für die Masken immer schon vorher in einem Eimer vorbereitet. So habe ich die richtige Konsistenz und kann die Reste für das Modellieren weiterverwenden.

Es besteht aber die Möglichkeit, dass die Teilnehmer den Kleister selber anrühren. Hierfür werden ungefähr vier Teelöffel Kleister in 0,25 Liter Wasser angerührt. Die Masse muss etwa eine halbe Stunde stehen.

Objektbau

Geschichte

Die Objektkunst ist eine Ausdrucksform der modernen Kunst, die an die Stelle der Abbildung des Gegenstandes diesen selbst in veränderter oder unveränderter Form präsentiert oder in ein Kunstwerk einbezieht. Zu Beginn des 20. Jahrhunderts lassen sich die Anfänge dieser Stilrichtung ausmachen, also in der Zeit der Kubisten, Futuristen, Dadaisten und Surrealisten. Die Objektkunst setzt ein mit den in Collage-Technik ausgeführten Objektbildern und Plastiken. Die Entwicklung führte über Materialmontagen zum »Objekt trouvé«. Zufällig gefundene Abfallprodukte oder Produkte des Alltags werden für die Gestaltung von »Skulpturen« verwendet wurden. Marcel Duchamp ging so weit, dass er zum Beispiel das Rad eines Fahrrades zum Kunstwerk erklärte. Durch die Verfremdung sollten eine neue Wahrnehmung eines Gegenstandes, die Assoziation und die Fantasien des Betrachters angeregt werden. Die Pop-Art unter anderem nahm die Ideen in den 50er-Jahren wieder auf. Sie sind bis heute in der Kunstszene zu finden.

Beschreibung der Technik

Aus den verschiedensten Materialien, beispielsweise Draht, Styropor, Karton, Papier, Wellpappe, können kunstvolle Skulpturen erstellt werden. In der Auseinandersetzung mit dem Material und durch Experimentieren, zum Beispiel durch die Verbindung mit anderen Materialien, entstehen im kreativen Prozess die unterschiedlichsten Objekte.

Zielsetzung

Im gemeinsamen Erstellen eines Objektes mit den unterschiedlichsten Materialien wird Teamwork, Kommunikation und Kooperation gefordert und gefördert. Probleme, die sich durch das Experimentieren mit dem Material ergeben, müssen gelöst und neue Ideen gefunden werden.

Erfahrungen mit dem Einsatz dieser Technik

Das Bauen großer Objekte ist besonders in Seminaren beliebt, in denen die Mehrzahl der Teilnehmer männlich ist. Das erinnert mich immer an Väter, die mit der Eisenbahn ihrer Kinder spielen. Es ist oft sehr schwierig, ein Ende zu finden, da noch tausend Ideen verwirklicht werden wollen. Die Teilnehmer überbieten sich dabei gegenseitig. Könnte man doch diese Motivation in den Berufsalltag verlegen.

Bau von Objekten: Vorbereitung und Planung

Dauer

Für den Bau von Objekten muss mindestens ein halber Tag eingeplant werden, da diese Arbeiten sehr arbeits- und zeitintensiv sind.

Gruppengröße

Für die Übung sollte die Teilnehmerzahl von 14–16 Personen nicht unterschritten werden, da sonst zu wenig Objekte zu besprechen sind und die Gruppendynamik bei dieser prozessorientierten Arbeit nicht erfolgt.

Seminarraum

Für diese Arbeit sollte der Raum eher einen Werkstattcharakter haben. Allerdings können Objekte – bei entsprechendem Wetter – auch gut im Freien gebaut werden, wie und wo muss mit dem Seminarhaus geklärt werden. Es ist von besonderem Vorteil, wenn jede Gruppe einen eigenen Raum bekommen kann, in der Praxis ist das jedoch selten machbar.

Material

Das Material richtet sich nach dem jeweiligen Themenbeispiel. Jedoch sollte immer genügend, eher zu viel Material vorhanden sein, um eine Begrenzung auszuschließen. Es ist schön, aus dem Vollen zu schöpfen.

Ablauf

Der Trainer stellt den Teilnehmern das Material vor und sensibilisiert sie dafür. Die Seminargruppe teilt sich in Teams von drei bis vier Personen auf. Nachdem sie ihr Material zur Verfügung haben, setzen sie sich mit dem Thema auseinander und experimentieren. Ob die Gruppe die Aufgabe erst theoretisch löst, also zunächst einen Plan entwirft, die Aufgaben der Einzelnen bestimmt, oder sich voll auf das Experiment einlässt, ist eigentlich Sache der Gruppe. Jedoch gibt es Seminare, beispielsweise für Führungskräfte, in denen der Trainer die Rollen vorgibt.

Einer aus dem Team wird bestimmt, um den Prozess zu beobachten, das schließt jedoch nicht aus, dass er sich am Geschehen beteiligt.

Sind die Objekte fertig gestellt, treffen sich die Teilnehmer im Plenum, und es wird vom Arbeitsprozess in den einzelnen Gruppen berichtet. Erfahrungen und Erkenntnisse werden ausgetauscht, die Auswertungshilfen sollen den Trainer hierbei unterstützen.

Zu überlegen ist, die Objekte einem Wettbewerb auszusetzen. Zur Erinnerung können Fotos gemacht werden.

Anmerkungen

Kleidung: Es ist wichtig, dass die Teilnehmer in legerer Kleidung zum Objektbau erscheinen.

Tipp: Der Objektbau eignet sich auch sehr gut für eine Foto-Video-Dokumentation (siehe Kapitel »Fotografie und Video«).

Erfahrungen: Ich habe noch nie Probleme gehabt, in einem Seminarhaus im Freien zu arbeiten, im Gegenteil sahen die Betreiber es eher als Bereicherung ihres Angebotes an.

Folgende Auswertungshilfen setze ich ein:

* Wie ist die Gruppe im Teamwork mit dem Thema umgegangen?
* Wie war die Rollenverteilung und wie ging es dem Einzelnen damit?
* Wie hat sich der Teilnehmer im Kontakt mit den anderen erlebt?
* War ein Teammitglied dominanter oder zurückhaltender?
* Kam es zu einer direkten, bildnerischen Kontaktaufnahme oder blieb jeder in seinem »Bereich«?
* Wie ging es dem einzelnen Teilnehmer bei der Arbeit?
* Wie war der Ablauf von der Idee bis zur Fertigstellung des Objekts?
* Welche Erfahrungen wurden mit dem Material gemacht?
* Welche realistischen Ideen (Kartenabfrage) oder Lösungswege sind bei der Arbeit gekommen?

Das weiße Objekt

Dauer	Ungefähr ein halber Tag.
Ziel	Teamwork, Kommunikation, Kooperation, Ideenfindung, Problemlösung, Anregung der Fantasie.
Beteiligte	Für diese Kleingruppenarbeit ist etwa eine Gesamtgruppe von 16 Personen (gerade Zahl) erforderlich.

Material

- ❖ Bettlaken, weiße Tücher, je Gruppe mindestens eins bis zwei
- ❖ Bänder und Schnüre
- ❖ Klebeband

Durchführung

Die Kleingruppen (drei bis vier Personen) erhalten die Aufgabe, mit den Tüchern ein abstraktes Objekt zu entwickeln, wobei die Tücher nicht beschädigt werden sollen. Mit Knoten, Abbinden, Zusammenkleben (Klebeband), Überziehen von vorgegebenen Formen oder Gegenständen, Ausstopfen von abgebundenen Teilen wird im Experimentieren ein Objekt entstehen. Der Fantasie sind dabei keine Grenzen gesetzt. Wie die Gruppe die Aufgabe löst, bleibt ihr überlassen. Auch muss sie einen geeigneten Platz und einen Titel für ihr Objekt finden.

Jedoch ist zur Vermeidung von »Einfallslosigkeit« ein Wettbewerb wichtig, sonst hat der Trainer lauter »Kleine Gespenster« oder »Geister« im Seminar, dieses ist nicht Zweck der Übung! Bei einem Wettbewerb unter den Gruppen besteht die Jury aus einem Mitglied jeder Gruppe. Die Kriterien sind:

- – Originalität im Bau,
- – Realisierung und Ausführung,
- – Originalität bei der Benennung des Objektes.

Zur Beurteilung hat die Jury zehn Minuten zur Verfügung, um dann das Ergebnis im Plenum mitzuteilen.

Erkenntnisse und Erfahrungen werden im Plenum ausgetauscht. Erinnerungsfotos können gemacht werden. Die Tücherobjekte werden auseinander genommen, und der Trainer kann sie weiterverwenden.

Flugobjekt (aus Maschendraht)

Dauer	Ein halber bis ganzer Seminartag.
Ziel	Teamwork, Kommunikation, Kooperation, Ideenfindung, Problemlösung, Anregung der Fantasie.
Beteiligte	Für diese Kleingruppenarbeit empfehle ich eine Gesamtgruppengröße von 16 Personen.

Material

* Maschendraht, je Objekt ungefähr 2,50 m × 0,80 m
* biegsamer Draht
* Kneif- oder Drahtzangen, mindestens eine je Gruppe
* Haushaltsfolie, etwa zehn Packungen
* Klebstoff
* ein Müllsack

Durchführung

Die Teilnehmer finden sich zu Kleingruppen (etwa drei bis vier Personen) zusammen. Sie erhalten die Aufgabe ein Fantasie-Flugobjekt aus dem vorhandenen Maschendraht zu bauen. Es wird anschließend mit der Folie überzogen.

Wie die Gruppe diese Aufgabe löst, bleibt ihr überlassen, ob vorher ein Entwurf erstellt wird oder ob gleich mit dem Maschendraht experimentiert wird, wer was macht etc. Auf jeden Fall wird ein Protokollführer bestimmt, der in der Abschlussrunde über den Arbeitsprozess in der Gruppe berichtet. Die Gruppen geben ihrem Objekt einen möglichst originellen Namen, meistens entwickelt er sich bereits beim Experimentieren.

Die Teilnehmer benötigen hierfür mindestens drei Stunden. Im Plenum stellen die Protokollführer die Flugobjekte vor und berichten über den Entstehungsprozess. Wichtig ist auch der Austausch über Erfahrungen und Erkenntnisse, die durch den Objektbau gewonnen wurden und welche Auswirkungen sie im Alltag haben werden. Die Kleingruppen entscheiden selbst, was mit ihrem Objekt geschehen soll.

Variante

Statt Papier oder Folie, kann über das Objekt auch Gips gegossen werden.

Anmerkungen

Erfahrungen: Es ist leichter, die Objekte mit Folie zu bespannen. Schöner sieht es meist jedoch mit dünnem farbigen Transparent- oder Seidenpapier aus. Dieses wird mit Tapetenkleister eingestrichen, und der Drahtkörper wird damit überzogen. Die Objekte benötigen dann einige Zeit zum Trocknen (siehe Kapitel »Masken«, Themenbeispiel »Ballonmasken«).

Selbstverständlich können die Flugkörper auch kleiner gebaut werden, dann wird auch weniger Maschendraht benötigt. Ich bevorzuge die großen Formate, um den Teilnehmern mehr Wirkungsraum zu geben und sie zu großzügigerem Arbeiten anzuregen, das schließt aber kleinere Objekte nicht aus.

Achtung! Für kleine Verletzungen am Maschendraht sollten Desinfektionsmittel (Vorsicht bei Allergien) und Pflaster vorhanden sein!

Tipp: Zum Aufstellen der Objekte kann als Fuß Styropor verwendet werden.

Beispielsituation

Eine Gruppe hatte ein besonders großes und auch sehr eindrucksvolles Objekt gebaut. Dann kam das Transportproblem, denn ein Teilnehmer wollte es als Lampe umfunktionieren. So musste nach vielen Versuchen ein offener Wagen herhalten, an dem die gesamte Seminargruppe mit Worten und Taten das Flugobjekt anbrachte. Es war ein einmaliger Anblick, als der so »geschmückte« Wagen langsam über die Dörfer zum nahe gelegenen Heimatort des Teilnehmers fuhr.

Die Kopffüßler kommen (Kartonobjekt)

Dauer	Etwa ein halber Seminartag.
Ziel	Teamwork, Kommunikation, Kooperation, Ideenfindung, Problemlösung, Anregung der Fantasie.
Beteiligte	Für die Kleingruppenarbeit sollte die Gesamtgruppe etwa 16 Personen umfassen.

Material

- ❖ Kartons in unterschiedlichen Größen
- ❖ Eierkartons für Augen usw
- ❖ große Scheren, mindestens fünf
- ❖ Klebstoff, größere Gebinde, ein Pritt-Stift reicht nicht
- ❖ Paketklebeband oder breites Tesakrepp, Paketschnur
- ❖ Holzleisten, eventuell zum Stabilisieren, Tacker
- ❖ Müllsack

Die Objekte können mit Dispersionsfarbe, Stiften bemalt oder mit farbigem Papier beklebt werden.

Durchführung

Die Kleingruppen (drei bis vier Personen) suchen sich die jeweils benötigten Kartons zusammen, die in der Mittel des Raumes, gefaltet oder ungefaltet, liegen. Jedes Team baut einen bis zwei Kopffüßler. Bei der Gestaltung der Körper sind alle manuellen Techniken neben dem Falten wie Rollen, Klappen, Zusammenstecken und Einschneiden der Pappe möglich. Das Experimentieren mit dem Material steht im Vordergrund. Selbstverständlich muss auch die Konstruktion stimmen, und der Kopffüßler darf nicht in sich zusammenfallen. Damit ist das Team besonders gefordert.

Haben die Gruppen ihre Kopffüßler erstellt, kommen sie zusammen und stellen sie zu einer beliebigen Gruppe unter dem Motto »Die Kopffüßler kommen« zusammen, hierbei wird oft Klebeband und Schnur benötigt. Aus dem Teamwork wird jetzt eine Gemeinschaftsarbeit.

Im Plenum werden dann die Erkenntnisse und Erfahrungen zusammengetragen und überlegt, was davon in den Alltag mitgenommen werden kann.

Da dieses Objekt von den Teilnehmern nicht mitgenommen wird, kann es zur Erinnerung fotografiert werden.

Variante

Folgende Themen: »Schachtelroboter«, »Irrgarten«, »Labyrinth« habe ich bei gleicher Durchführung in Seminaren eingesetzt.

Anmerkungen

Tipp: Zusammengefaltet lassen sich die Kartons sehr gut transportieren. Ich habe Kartons (zusammengefaltet) und Wellpappe direkt bei einer Kartonagefabrik geholt. Man war immer sehr entgegenkommend.

Totem (aus Ytong)

Dauer	Ein halber Seminartag.
Ziel	Teamwork, Kommunikation, Kooperation, Ideenfindung, Problemlösung, Anregung der Fantasie.
Beteiligte	Etwa 16 Personen sind in Kleingruppen an dieser Übung beteiligt.

Material

❖ Ytong, je Teilnehmer mindestens ein Block in der Form eines großen Ziegels

Je Kleingruppe werden mindestens je eines der folgenden Werkzeuge benötigt:

❖ Säge (Fuchsschwanz)
❖ Holzhammer
❖ Meißel
❖ Raspel
❖ Feile und dergleichen
❖ Schutzbrillen aus Kunststoff, sind nicht zwingend notwendig
❖ Müllsack

Durchführung

Die Teilnehmer finden sich in Kleingruppen (drei bis fünf Personen) zusammen. Jeder erhält einen Ytong-Block und kann diesen frei bearbeiten. Es ist erstaunlich, was man alles mit dem weichen Stein anfangen kann, mit Hammer und Meißel können Furchen geschlagen werden, Löcher können gebohrt und Kanten abgeschlagen werden. Für die Feinarbeit wird die Feile verwendet. Die Kleingruppe stellt dann ihre bearbeiteten Blöcke zu einem Totem übereinander. Oft werden dann noch Feinheiten herausgearbeitet, um dem Ganzen eine Einheit zu geben. Im Team werden die Erfahrungen und Erkenntnisse ausgetauscht und ein Name für das Objekt gesucht. Ein Teilnehmer wird ausgesucht, der im Plenum über den schöpferischen Prozess in der Gruppe berichtet.

Nachdem die Totems aufgestellt und begutachtet worden sind, werden die Erfahrungen im Plenum ausgetauscht. Ob die Steine einzeln nach dem Seminar mitgenommen werden oder ob das Totem einen Platz findet, entscheiden die Gruppen selber.

Gemeinsam geht man an die Aufräumungsarbeiten, denn wo gehobelt wird, fallen auch Späne, und das sind bei dieser Arbeit nicht zu wenige.

Anmerkungen

Achtung! Für kleine Verletzungen sollte Pflaster vorhanden sein!

Erfahrungen: Manchmal »zieren« sich Teilnehmerinnen bei dem Umgang mit dem Werkzeug, ihnen muss der Trainer die Einsatzmöglichkeiten vorführen und begleitend zu Seite stehen. Das heißt dann aber: »Versuchen Sie mit der Feile die Rundung herauszuarbeiten.« Das heißt nicht: »Geben Sie mir die Feile, ich mache die Rundung für Sie.« Selber experimentieren ist die Devise.

Dieser Objektbau eignet sich besonders für den Sommer. Ich gehe meist mit den Teilnehmern ins Freie, um dort mit dem Stein zu experimentieren und dann die Totems aufzustellen. In der Regel bleiben sie dort bis zum Seminarende stehen, da der Stein wetterfest ist.

Tipp: Nicht jeder Trainer hat einen Kombi, um etwa 20 Ytongsteine zu transportieren. Am Seminarort gibt es aber in der Regel Baustoffhändler, die diese Steine auch anliefern. Planen Sie immer ein paar Steine mehr ein, da schon mal einer zerbricht.

Bildbeispiel

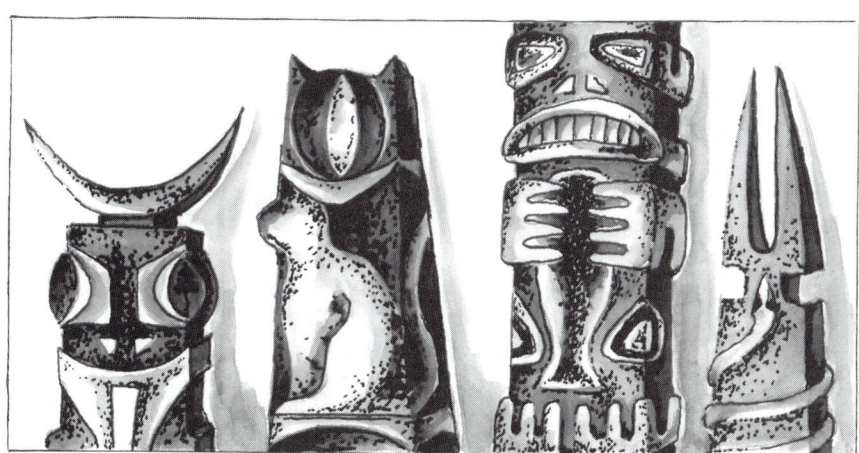

Supermaschine (Abfall-Objekt)

Dauer	Ein halber bis ein ganzer Seminartag.
Ziel	Teamwork, Kommunikation, Kooperation, Ideenfindung, Problemlösung, Anregung der Fantasie.
Beteiligte	Die Gesamtgruppe beträgt 16 Personen (gerade Zahl) und wird in Kleingruppen unterteilt.

Material

* Abfallprodukte: Dosen, Plastikbehälter, Pappe, Metallteile, Schläuche, Eisenketten, Zahnräder, Holzteile, alte Haushaltsgegenstände, Styropor usw.
* Tacker
* dicke Schnur
* große Scheren
* Metallschere bzw. -zange
* Alleskleber
* Klebeband
* Hammer und verschiedene Nägel
* Draht
* Sprühfarbe, Silber, Schwarz, Gold usw.

Durchführung

Jede Kleingruppe (drei bis vier Personen) hat eine Kiste gesammelten Abfall. Die Aufgabe lautet, aus dem vorhandenen Abfall »Die Supermaschine« zu bauen, nageln, kleistern, heften und kleben. Das fertige Objekt kann mit Farbe besprüht werden. Möglichst sollte dies im Freien geschehen.

Wie die Gruppe diese Aufgabe löst, bleibt ihr überlassen, ob vorher ein Entwurf erstellt wird oder ob gleich mit dem Abfall experimentiert wird, wer was macht etc. Nicht zu vergessen ist, welches Fantasie-Produkt die Maschine herstellt bzw. welchen Zweck sie erfüllen kann. Ein Protokollführer wird bestimmt, der in der Abschlussrunde über den Arbeitsprozess in der Gruppe berichtet. Die Teilnehmer benötigen für das Abfall-Objekt mindestens zwei Stunden.

Im Plenum stellen die Protokollführer die Objekte vor und berichten über den Entstehungsprozess. Wichtig ist auch der Austausch über Erfahrungen und Erkenntnisse, die durch den Objektbau gewonnen wurden und welche Auswirkungen sie im Alltag haben werden.

Die Kleingruppen entscheiden, was mit ihrem Objekt geschehen soll.

Anmerkungen

Tipp: Warum nicht mit der Seminargruppe auf einen Schrottplatz gehen und dort Objekte bauen?!

Achtung! Für kleine Verletzungen sollte Pflaster vorhanden sein!

Erfahrungen: Der Abfall kann vom Trainer gesammelt werden, oder die Teilnehmer bringen ihn mit. Am besten ist es jedoch, mit der Gruppe den Abfall vor Ort zu sammeln und sich bereits von den Dingen inspirieren zu lassen.

Fotografie und Video

Geschichte

Aus dem Bedürfnis heraus, naturgemäße Abbilder zu erhalten, wurde seit Ende des 15. Jahrhunderts nach Möglichkeiten gesucht, dies zu realisieren. Eine seit Aristoteles bekannte Möglichkeit besteht darin: In einen völlig abgedunkelten Raum fällt durch eine kleine Öffnung Licht, dann zeigt sich auf der gegenüberliegenden Seite das Szenario außerhalb des Raumes. Dieses Phänomen wurde im 17. Jahrhundert zu einer transportablen »Camera obscura« ausgebaut. Durch den Einsatz von Linsen ließen sich später die Schärfe und Lichtstärke verbessern, bis schließlich 1914 Barnack die Kleinbildkamera erfand.

Parallel zur mechanischen Entwicklung wurde die Fotochemie entwickelt. 1816 gelang dem Franzosen Nicéphore Niépce die erste Fotografie. Durch den Einsatz von Jod und Quecksilber verbesserte Daguerre 1839 die lichtempfindliche Schicht. Erst durch Talbots Erfindung eines durchscheinenden Bildes 1841 und die daraufhin stattfindenden Verbesserungen wurden aus den Unikaten vervielfältigungsfähige Vorlagen. Mit der Entdeckung des Zelluloid und der Farbfotografie wurden die Grundlagen der heutigen Fotografie und des Films hergestellt.

Als die Daguerreotypie 1839 der Öffentlichkeit vorgestellt wurde, nahm dies die Kunstszene mit gemischten Gefühlen auf. Die einen sahen mit Angst dem Untergang der Malerei entgegen, andere wiederum erblickten eine neue Ausdrucksmöglichkeit. Während viele Maler (zum Beispiel Degas und Delacroix) sich einer Fotografie als Vorlage ihrer Malerei bedienten, setzten andere auf die eigentliche Fotografie. Wegbereiter auf diesem Gebiet waren Nadar (1820–1910), Man Ray (1890–1976) sowie Lázló Moholy-Nagy (1895–1946).

Aus dem starren Bild der Fotografie wurde 1895 der Film geboren und etwa zur gleichen Zeit die Tonaufzeichnung. Somit gab es Ende des 19. Jahrhunderts die Möglichkeit, alles auf einem Medium zu fixieren. Früher jedoch erforderte Fotografie und Film einen enormen Aufwand, und es bedurfte eines hohen technischen Geschicks, heute dagegen werden beide zu einem Medium für jedermann. Am Ende diesen Jahrhunderts, wo Videokameras und Fotoapparate weit verbreitet sind, kann sich jeder ein eigenes Abbild der Wirklichkeit machen.

Beschreibung der Technik

Die technischen Aspekte der Fotografie und des Films spielen im Vergleich zu den bildnerischen eine untergeordnete Rolle. Gute Fotos sind nicht vom Umfang der Kameraausrüstung abhängig. Jede Kamera hat heute eine gut verständliche Bedienungsanleitung. Der Fotoapparat und die Videokamera sind nur Mittel zum Zweck, die Umwelt so zu registrieren und festzuhalten, wie wir sie sehen.

Zielsetzung

Die kreativitätsfördernde Auseinandersetzung mit dem Medium soll im Vordergrund stehen. Das bedeutet, das Sehens, das Wahrnehmen der Umwelt und die Auseinandersetzung mit Gesellschaftsstrukturen wird damit sensibilisiert.

Einzel-, Paar- und Gruppenarbeit

Im Teamwork müssen sich die Teilnehmer über das Motiv und seine Aussage einigen. Dieses ist, besonders mit diesem Medium, nicht immer sehr einfach, da jeder eine andere Wahrnehmung hat und andere Schwerpunkte beim Filmen oder Fotografieren setzt.

Erfahrungen mit dem Einsatz dieser Technik

Da Fotografieren zum Massenhobby geworden ist, haben die Teilnehmer in der Regel keine Probleme mit dem Einsatz der Kamera. Auch der Umgang mit einer Videokamera ist unproblematisch und macht den meisten Teilnehmern viel Spaß. Ungewöhnlich sind jedoch für sie die Themen und die ungewöhnliche Motivwahl.

Sonstiges

Die hiermit gemachten Erfahrungen bewirken, dass die Teilnehmer in Zukunft mit einer ganz neuen Sichtweise fotografieren und filmen.

Fotografie und Video: Vorbereitung und Planung

Dauer

Die Zeitplanung richtet sich danach, wie der Fotoapparat oder die Videokamera eingesetzt werden. Das heißt: Werden die Fotos mitgebracht, begleitet die Dokumentation das Seminar oder wird die Foto-Video-Aktion Bestandteil des Seminars? In jedem Fall sollte man mindestens eine halbe Stunde für die Besprechung einplanen.

Gruppengröße

Um eine gute Auswahl von Fotografien und Filmen zu haben, sollten mindestens 16 Personen am Seminar teilnehmen.

Seminarraum

Zuvor muss geklärt werden, ob am Seminarort die Möglichkeit besteht, Fotos schnell zu entwickeln, beispielsweise Stundenservice!

Zum Aufhängen der Fotos werden drei bis vier Pinwände benötigt.

Beim Einsatz der Videokamera muss eine Videoanlage vorhanden sein.

Material

* Fotoapparat/Videokamera
* Filme/Videokassetten

Ablauf

Viele Teilnehmer fotografieren und filmen bei Familienfesten und im Urlaub. Ungewöhnlich ist es dagegen, den »Alltag« aufzunehmen. Ich beginne in diesem Fall das Seminar mit der Diskussion über die Notwendigkeit (Sinn), Motive aus dem täglichen Umfeld zu fotografieren oder zu filmen. Hierbei spielt es selbstverständlich eine Rolle, wie jeder Einzelne Situationen wahrnimmt. Es geht nicht vorrangig um die Frage, für wen fotografiert oder gefilmt wird, sondern dass der »Bewusstmachungsprozess« durch das Fotografieren bzw. Filmen zu neuen Erkenntnissen führt. Ebenso geht es nicht um technisch perfekte Bilder, sondern um die Motivwahl.

Wenn die Teilnehmer gut eingeführt sind, können sie frei und intuitiv ihre Motive entsprechend dem Thema mit der Kamera festhalten.

Für die Auswahl der entwickelten Fotos sollten die Gruppen genügend Zeit haben, um sich auf eine gute Präsentation vorzubereiten. Wenn die Fotos aufgehängt sind, zeigt ein Teilnehmer aus der Gruppe die Arbeiten und berichtet über den Prozess im Team. Beim Filmen ist es erforderlich, dass die Gruppen vorher den Film ansehen, um ihn im Plenum gut dokumentieren zu können. Wichtig sind die Erfahrungen und Erkenntnisse der jeweiligen Gruppe, die zu realisierbaren Veränderungen führen können. Die Gruppen entscheiden, was mit den Aufnahmen geschehen soll.

Anmerkungen

Mit den Fotoapparaten habe ich sehr unterschiedliche Erfahrungen gemacht:

Bringen die Teilnehmer ihre eigenen Apparate mit, sind sie sehr motiviert. Der Vergleich der verschiedenen Ausrüstungen und das technische Fachsimpeln der Teilnehmer ist sehr zeitaufwendig und behindert anfangs den eigentlichen Sinn des Fotografierens.

Habe ich nur einen Apparat im Seminar, so muss eine gute Zeiteinteilung vorgenommen werden. Das hat zur Folge, dass die Motivwahl bewusster ist.

Auswertungshilfen

Zur Unterstützung der Abschlussbesprechung gebe ich für den Trainer Auswertungshilfen zur Hand.

Seminardokumentation

Dauer   Der zeitliche Umfang richtet sich nach der Länge der Dokumentation.

Ziel   Teamwork, Schärfung der Wahrnehmung, Feedback.

Beteiligte   Die Gesamtgruppe beträgt etwa 16 Personen.

Material
- Fotoapparat
- Pinwände

Durchführung   Zu Beginn eines Seminars erklärt der Trainer den Teilnehmern, dass er beabsichtigt, das Seminar fotografisch zu dokumentieren. In einer Plenumsdiskussion oder durch Brainstorming werden die verschiedenen Vorschläge zusammengetragen. Hierbei sind folgende Fragen zu klären:

– Was soll fotografiert – festgehalten – werden?
– Für wen wird das Seminar dokumentiert?
– Wer fotografiert?

Jeder Teilnehmer sollte die Möglichkeit haben zu fotografieren. Es richtet sich nach der Länge des Seminars, der Anzahl der Teilnehmer und Fotoapparate, ob in Gruppen oder zu zweit gearbeitet wird. Auch müssen die Zeitabschnitte festgelegt werden, am ersten Tag fotografiert Team I, am zweiten Team II usw. Nicht die Qualität der Fotos ist wichtig, sondern was und wie wahrgenommen wurde. Der Trainer soll zum Experimentieren, besonders bei der Auswahl der Motive, anregen.

Am letzten Tag präsentieren die Gruppen ihre Fotos an den Pinwänden und berichten, wie es ihnen bei der Dokumentation gegangen ist.

Variante   Das Seminar kann ebenso mit der Videokamera dokumentiert werden.

Anmerkungen   Erfahrungen: Interessant sind bei dieser Übung die verschiedenen Schwerpunkte der Wahrnehmung des Seminars.

Der Mensch am Arbeitsplatz

Dauer	Eine halbe bis eine Stunde.
Ziel	Einstiegsmethode, Schärfung der Wahrnehmung, Problemlösung (eventuell).
Beteiligte	Die Gesamtgruppe umfasst etwa 16 Personen. Es wird einzeln oder in Kleingruppen gearbeitet.
Material	❖ Pinwände

Durchführung

Die Teilnehmer erhalten schriftlich mit der Einladung zum Seminar die Aufgabe, ihren Arbeitsplatz fotografisch zu dokumentieren. Dieses kann je nach Arbeitsplatz einzeln oder in Teamwork geschehen. Die Fotos werden zu Beginn des Seminars an die Pinwände gehängt und mit Pinwand-Karten schriftlich erklärt. Die Teilnehmer stellen anhand der Bilder sich selber und ihren Arbeitsplatz vor.

Wichtig für den Seminareinstieg sind die Erfahrungen, die die Teilnehmer beim Fotografieren gemacht haben.

Ergänzende Übung

Die Teilnehmer erarbeiten den »idealen« Arbeitsplatz. Dieses kann durch eine Zeichnung oder durch eine Collage aus den Fotos, beispielsweise durch Zerschneiden der Bilder, in Kleingruppen erfolgen.

Anmerkungen

Folgende Auswertungshilfen bieten sich an:

– Was ist beim Fotografieren des Arbeitsplatzes besonders aufgefallen?
– Wie haben die Kollegen bzw. das Umfeld reagiert?
– Welche Veränderungen könnten vorgenommen werden?
– Sind die Veränderungen realisierbar? (Brainstorming mit Karten)

Erfahrungen: Die bewusste Wahrnehmung des Arbeitsplatzes gibt in der Regel bei Arbeitnehmern und Arbeitgebern Anstöße zu realisierbaren Veränderungen, die oft ohne großen Aufwand vorgenommen werden können und zu Zeit- und Kostenersparnissen führen.

Fensterbilder (Durchblick/Ausblick/Einblick)

Dauer	Ein halber Seminartag.
Ziel	Schärfung der Wahrnehmung, Teamwork, Problemlösung.
Beteiligte	Für diese Gruppenarbeit ist eine Gesamtgruppe von 16 Personen empfehlenswert.
Material	❖ Fotoapparate oder Videokameras, mindestens ein Apparat je Gruppe ❖ Filmmaterial

Durchführung

Die Teilnehmer werden in Gruppen aufgeteilt und erhalten die Aufgabe, Fenster in der Umgebung zu fotografieren bzw. zu filmen. Hierbei soll unterschieden werden zwischen:

– Durchblick durch ein Fenster: Was sieht man beispielsweise beim Telefonieren durch das Fenster in der Telefonzelle?
– Einblick in ein Fenster: Hier bieten sich Schaufenster an.
– Ausblick aus einem Fenster: Bei diesem Motiv sollten die Teilnehmer den Innenraum mit einbeziehen, eventuell eine Person mit Blick aus dem Fenster.

Die Teilnehmer haben dafür ein bis zwei Stunden zur Verfügung.

Wenn die Fotos entwickelt sind, treffen sich die einzelnen Gruppen und entscheiden, welche Fotos, unterteilt in Durchblick/Einblick/Ausblick, sie präsentieren. Die Bilder werden an den Pinwänden aufgehängt. Beim Filmen ist es erforderlich, dass die Gruppen vorher den Film ansehen, um ihn im Plenum gut dokumentieren zu können. Ein Teilnehmer aus der Gruppe berichtet über den schöpferischen Prozess bei der Motivwahl.

Anregend ist ein Wettbewerb unter den Gruppen. Hierbei besteht die Jury aus einem Mitglied jeder Gruppe. Die Kriterien sind:

– richtige Einordnung unter Durchblick/Einblick/Ausblick,
– Originalität der Motive.

Realisierung und Ausführung: Die Jury hat zur Beurteilung zehn Minuten zur Verfügung, um dann das Ergebnis im Plenum mitzuteilen.

Anhang

Weitere Gestaltungsthemen

Themen, die in jeder Technik eingesetzt werden können:

❖ »Der Fischer un syne Frue«, Märchen.
❖ »Die goldene Gans« von den Gebrüdern Grimm, Märchen.
❖ »Momo« von Michael Ende (»Die grauen Männer«)
❖ »Schlaraffenland« (Bild v. Bruegel)

Frei erfundene Themenbeispiele:

❖ »Masken und Fratzen«
❖ »Die tanzenden Fenster«
❖ »Der alte Dachboden«
❖ »Unser Holzschuppen«
❖ »Natur siegt über Architektur und Beton«
❖ »Die Männer in ihren fliegenden Kisten«
❖ »Stadtplan eines Penners«
❖ »Ich habe einen dicken Fisch im Netz«
❖ »David und Goliath«
❖ »Das Trojanische Pferd«
❖ »Ich stehe im Regen«

Sie können nun Ideen für eigene Gestaltungsthemen notieren:

- -

- -

- -

- -

- -

- -

- -

Musikempfehlungen

Interpret	Titel
Boone, Steven:	»Prelude to Lazaris«
Clannad:	»The Collection« (Irische Musik)
Deuter:	»Celbration«
	»Meditationsmusik«
	»Silence is the answer«
	»The Light of the Spirit«
Enya:	»Watermark« (Irische Musik)
Evangelis, John:	»Private collection«
Guem et zaka:	»Percussion« (Afrikanische Trommeln)
Horn, Paul:	»Inside II«
Jarreet, Keith:	»Köln-Concert«
Jones, Michael:	»Pianoscapes«
Karajan von, Herbert:	»Meditation« (Klassik)
Kitaro:	»Tunghuan«
Rohmert, Andrea:	»Lichtmandala«
Shanti, Oliver & Friends:	»TaiChi«
Wärme:	»Cosmic Love«
Zamfir, Georges/Cellier, M.:	»Flûte de Pan et Orgue«

Anmerkung:
Bei dieser Musikauswahl handelt es sich nur um Empfehlungen. Jeder Trainer muss »seine« Musik zu den jeweiligen Übungen selbst auswählen. Aus diesem Grund habe ich bei den Übungen keine Musikangaben gemacht. Ist keine geeignete Musik vorhanden, sollte auf sie verzichtet werden. »Gar keine Musik ist weit besser als ungeeignete Musik« (Stevens). Bereits wenn die Teilnehmer ankommen, begrüße ich sie mit Musik, um sie aufzulockern und auf unsere gemeinsame Arbeit einzustimmen.

Literaturverzeichnis

Antons, Klaus: Praxis der Gruppendynamik. Hogrefe, Göttingen [7]1998.

Bear, Ulrich: Kennenlernspiele – Einstiegmethoden. Akademie Remscheid, Remscheid 1981.

Beyer, Gert/Knötzinger, Maximilian: Wahrnehmen und Gestalten. Stam, Köln 1991.

Binder, Klaus: Kreativrezepte. Otto Maier, Ravensburg 1979 (vergriffen).

Cohn, Ruth C./Faran, Alfred: Gelebte Geschichte der Psychotherapie. Klett Cotta, Stuttgart 1984.

Daucher, Hans/Seitz, Rudolf: Didaktik der bildenden Kunst. Don Bosco, München 1980 (vergriffen).

Guilford, J.P.: Kreativität. In: Mühle, Günther/Schell, Christa: Kreativität und Schule. Piper, München 1973 (vergriffen).

Edwards, Betty: Garantiert Zeichnen lernen. Rowohlt, Reinbek [6]1998.

Kandinsky, Wassily: Über das Geistige in der Kunst. Benteli, Bern 1952.

Kittelberger, Rainer/Freisleben, Immo: Lernen mit Video und Film. Beltz, Weinheim und Basel [2]1994.

Kursgestaltung in der Kulturellen Bildung. Pädagogische Arbeitsstelle des Deutschen Volkshochschulverbandes e.V., Frankfurt a.M. 1984 (vergriffen).

Körner, Heinz: Johannes. Lucy Körner, Fellbach [30]1990.

Koschatzky, Walter: Die Kunst der Photografie. Neuer Pawlak Verlag, Wolfschlugen 1994.

Kroeger, Matthias: Themenzentrierte Seelsorge. Kohlhammer, Stuttgart [4]1989.

Müller, Kurt R.: Kurs- und Seminargestaltung. Beltz, Weinheim und Basel [6]1995.

Polster, Erving und Miriam: Gestalttherapie. Fischer, Frankfurt a.M. [10]1997.

Saint-Excupéry, Antoine de: Der kleine Prinz. Karl Rauch Verlag, Düsseldorf 1979 (auch als Video zu erhalten).

Seitz, Rudolf (Hrsg.): Masken. Bau und Spiel. Don Bosco, München [4]1991.

Stevens, John O: Die Kunst der Wahrnehmung. Gütersloher Verlag, Gütersloh [14]1996.

Ulmann, Gisela: Kreativität. Beltz, Weinheim und Basel 1968 (vergriffen).

Zinker, Joseph: Gestalttherapie als kreativer Prozeß. Junfermann, Paderborn [6]1998.

Arbeitsblatt

zur Collage »Meine persönlichen und beruflichen Ziele« (siehe Seite 104)

Realisierbarkeitsanalyse			
Lebensziele (realisierbar)	Wunschziele	Handlungsziele (Teil-/Zwischenziele und Maßnahmen)	Zeitpunkt der Zielerfüllung

Arbeitsblatt

zum Zeichnen »Etwas taucht auf« (siehe Seite 34)

Die ausgesuchte Form wird auf verschiedene Art aufs Papier gezeichnet, d.h. in vielfältigen Größen, mit unterschiedlichen Farben, Überschneidungen und verschiedenen Richtungen.

Arbeitsblatt

als Vorlage zu der Übung »Kunstwerke verändern« auf Seite 112

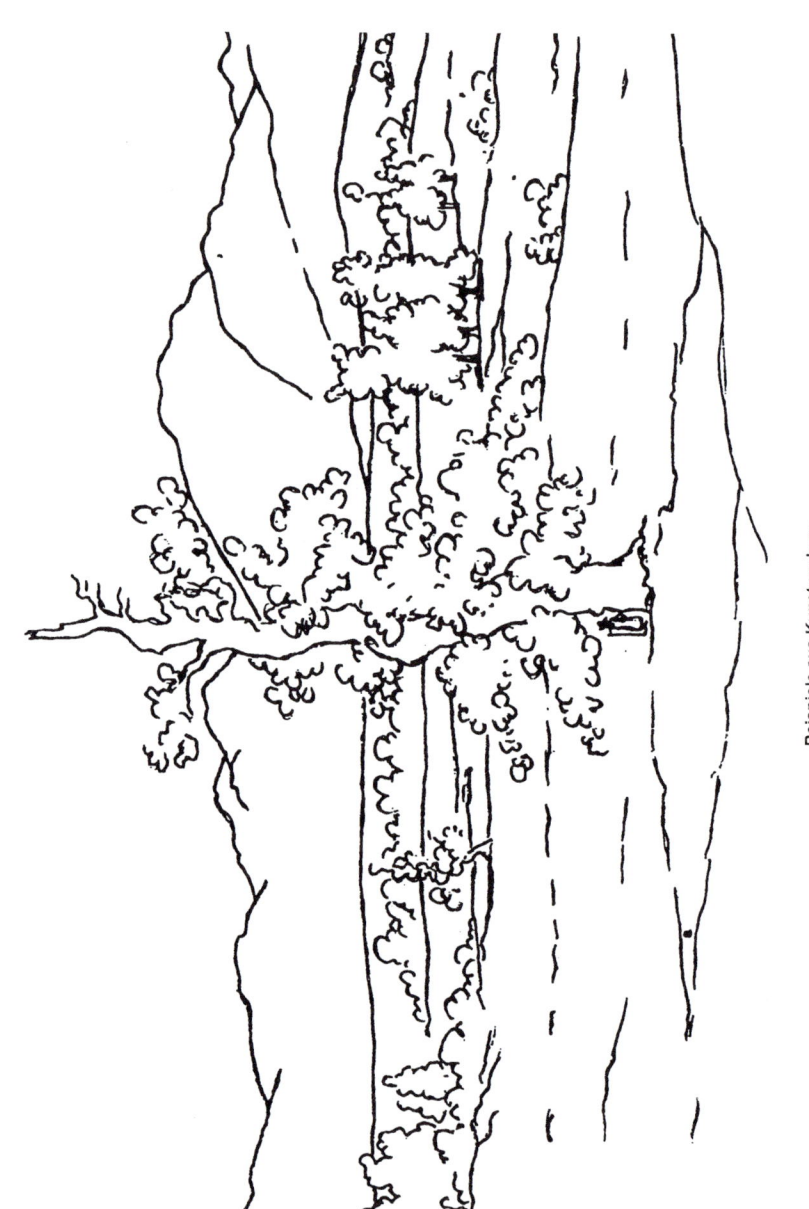

Beispiele aus Kunstwerken:

Arbeitsblattvorlage von C.D. Friedrich "Der einsame Baum"

Stichwortverzeichnis

der Zielsetzungen der einzelnen Übungen

WBELTZ WEITERBILDUNG

Jörg Knoll
Kurs- und Seminarmethoden
Ein Trainingsbuch zur Gestaltung
von Kursen und Seminaren,
Arbeits- und Gesprächskreisen.
227 Seiten. Broschiert.
ISBN 3-407-36336-2

Dieses Methoden-Handbuch ist
als Einladung für alle diejenigen
gedacht, die bereit sind, »metho-
dische Phantasie« zu entwickeln.
Darunter versteht Jörg Knoll die
Fähigkeit, Methoden stimmig auszuwählen und einzusetzen, sie zu
verändern und selbst welche zu
erfinden.
Einzelne Methoden werden konkret vorgestellt. Spezielle Hinweise
für Kursleiterinnen und Kursleiter
erleichtern die Vorbereitungsarbeit.
Das alphabetische Methoden-
Verzeichnis erlaubt eine schnelle
Orientierung.

»Ein vergleichbar solide gemachtes,
praxisnahes und ansprechendes Methodenbuch ist mir nicht bekannt.«
Hans-Joachim Petsch

Aus dem Inhalt:
Methoden in der Anwendung;
Einflüsse bei der Auswahl und
Durchführung von Methoden;
Einzelne Methoden (Sandwich-
Methode, Motorinspektion,
Fallarbeit, Phantasiereise u.v.m.).

Friedemann Schulz von Thun
Praxisberatung in Gruppen
Erlebnisaktivierende Methoden
mit 20 Fallbeispielen zum Selbst-
training für Trainerinnen und
Trainer, Supervisoren und Coachs.
216 Seiten. Broschiert.
ISBN 3-407-36325-7

Trainingskurse bleiben oft folgenlos,
wenn ein Verhalten eingeübt wird,
das unter Schulungsgesichtspunk-
ten günstig erscheint, aber der
jeweiligen Person nicht entspricht.
Diesem Problem kann aussichts-
reich begegnet werden, wenn im
Seminar jeder mit seinem persönlichen Anliegen zum Zuge kommt.
Aber wie?
Dieses Buch gibt eine grundlegende
Einführung in die erlebnisaktivierende Praxisberatung. Anhand
von zwanzig Fallbeispielen werden
die gewählten Vorgehensweisen
ausführlich erläutert.

»Fazit: Eine überzeugend vermit-
telte Beratung für Trainer, die ihre
Kommunikationsseminare erfolg-
reicher und vor allem abwechs-
lungsreicher gestalten wollen.«
TRAINING aktuell

Aus dem Inhalt:
Kontexte erlebnisaktiverender
Praxisberatung; Die Bearbeitung
der Anliegen; Fallbeispiele zum
Selbsttraining.

Martin Hartmann / Rüdiger Funk /
Horst Nietmann
Präsentieren
Präsentationen: Zielgerichtet und
adressatenorientiert.
151 Seiten. Pappband.
ISBN 3-407-36342-7

Von der Art und Weise einer Präsentation hängt entscheidend ab, ob
man überzeugt und verständlich
informiert. Die Autoren dieses
Buches geben praktische Hilfestel-
lung für die Durchführung guter
Präsentationen. Schrittweise erhält
der Leser einen Einblick in die verschiedenen Planungs- und Arbeits-
phasen der Vorbereitung und
Durchführung von Präsentationen.

»Wer eine ›Dramaturgie der Prä-
sentation‹ sucht, wird hier fündig!
In der Verschränkung von Ziel,
Inhalt und Methode ist dieses Buch
Spitzenklasse, immer wieder mit
Gewinn zu Rate zu ziehen.«
Wolfgang Beywl, CONTRASTE

»Man merkt dem Buch deutlich
den Praxisbezug an.«
Süddeutsche Zeitung

Aus dem Inhalt:
Vorbereitung der Präsentation;
Aufbau und Durchführung der Prä-
sentation; Fragen und Diskussion;
Medien: Vom PC bis zum Flipchart;
Lampenfieber; Checkliste.

Edith Stork
Logistik im Büro
Unordnung kostet Geld.
117 Seiten. Zahlr. Abb. Pappband.
ISBN 3-407-36333-8

Wie häufig suchen Sie eigentlich
nach wichtigen Unterlagen?
Wie oft vergeuden Sie Ihre Zeit
mit Aufräumen, Umräumen, Neu-
ordnen, Suchen und Sortieren?
Wollen Sie dies ändern? Dann sollten Sie keine Zeit mehr verlieren,
System in Ihr Büro zu bringen.
Edith Stork zeigt in diesem Buch,
wie Sie perfekte Ordnung in Ihr
Chaos bringen. Das Ablagesystem
wird so optimiert, dass keine Zeit
mehr verloren wird mit unnötigem
Suchen nach wichtigen Schrift-
stücken. Akten, Hängemappen
und Ordner werden einheitlich be-
schriftet. Auch andere Mitarbeiter
finden sofort gesuchte Dokumente.
Denn bei allen herrscht die gleiche
Ordnung.
Das andere Chaos, das kreative,
das produktive, bleibt Ihnen dort
erhalten, wo Sie es für Ihre Inter-
essen und Ihre Visionen brauchen.
Und dafür haben Sie dann mehr
Zeit.

Aus dem Inhalt:
Teamfähigkeit der Ablage; Kosten-
minimierung; Verantwortung für
Büroräume; Zeit erwirtschaften.

Beltz Verlag · Postfach 100154 · 69441 Weinheim

B0336

W BELTZ WEITERBILDUNG

Gudrun F. Wallenwein
Spiele: der Punkt auf dem i
Kreative Übungen zum Lernen
mit Spaß.
252 Seiten. Zahlr. Abb. Pappband.
ISBN 3-407-36341-9

Die Konzentration der Seminargruppe läßt nach, die Aufmerksamkeit sinkt ins Bodenlose und nichts
wird mehr aufgenommen. Kennen
Sie das? Möchten Sie das in Ihren
Seminaren vermeiden?
Gudrun F. Wallenwein hat Spiele
und Übungen für Trainings und
Seminare gesammelt und den unterschiedlichen Einsatzmöglichkeiten
zugeordnet.

»Eine einmalige, phantastische
Sammlung in Seminaren erprobter
Spiele und Übungen, die in den
unterschiedlichsten Situationen
eingesetzt werden können (...)
Fazit: Diese Sammlung sollte in
keiner Trainerbibliothek fehlen.«
villa bossaNova, skill media

Aus dem Inhalt:
Der Seminarbeginn; Spiele in und
nach der Pause; Das Seminarende;
Konzentrationsspiele; Kreativspiele;
Entspannung; Am Ende eines
Seminartages; Das Seminarende.

Ulrich Lipp / Hermann Will
Das große Workshop-Buch
Konzeption, Inszenierung und
Moderation von Klausuren,
Besprechungen und Seminaren.
299 Seiten. 170 Abb. Pappband.
ISBN 3-407-36321-4

»Wenn jemals das gern zitierte
Schlagwort ›Aus der Praxis für die
Praxis‹ zutraf, dann bei diesem
Buch (...). Auf knapp 300 Seiten
haben die Autoren alles Wissens-
werte zum Thema ›Workshop‹
zusammengetragen. Und es bleibt
zu hoffen, daß Moderatoren,
Trainer und Dozenten dieses Buch
zu ihrer Pflichtlektüre machen«
Dr. M. Madel, Seminarführer

»Fazit: Ein Buch für den Praktiker!
Leseleicht, sehr gut gegliedert und
illustriert. Mit zahlreichen Tips
und Tricks für den erfolgreichen
Ablauf eines Workshops.«
TRAINING aktuell

Aus dem Inhalt:
Workshop-»Philosophie«; Ablauf-
pläne von Workshops; Diskussions-
formen in Workshops; Kartenabfrage, Zuruflisten, Blitzlicht,
Mind-Mapping; Bewerten und Entscheiden; Arbeit in Kleingruppen;
Visualisieren und Dokumentieren;
Umsetzung anschieben; Krisen-
management; Workshop-Exoten.

Michael A. West
Innovation und Kreativität
Wege und Strategien für
Unternehmen mit Zukunft
Übersetzung aus dem Englischen:
Elisabeth Steinweg-Fleckner
192 Seiten. Zahlr. Abb. Pappband.
ISBN 3-407-36339-7

»Innovationen sind die Zukunft
eines jeden Unternehmens.«
Michael A. West beschreibt Wege
zur besseren Entwicklung von
Kreativität: auf individueller Ebene,
in Gruppen und Teams sowie im
gesamten Unternehmen.
Eine Mitarbeiterin hat plötzlich eine
Idee! Sie sprüht geradezu vor Einfäl-
len. – Äußert sie ihre Gedanken?
Findet sie Gehör? Wird ihr Einfall
ausprobiert? Tatsache ist: Innovative
Unternehmen brauchen eine Kultur
für das Neue. Voraussetzung dafür
ist eine Arbeitsumgebung, welche
die schöpferische Energie jeder Mitarbeiterin und jedes Mitarbeiters
freisetzt. Michael A. West zeigt die
Bedingungen auf, Innovationen in
die Praxis umzusetzen.

Aus dem Inhalt:
Entwicklung individueller Kreativität im Unternehmen; Vertrauen in
die eigene Kreativität; Kreativität
und Innovation in Teams; Steue-
rung der Innovationsprozesse in
Unternehmen; Wegweisende Innovationen.

Jörg Fengler
Feedback geben
Strategien und Übungen
141 Seiten. Zahlr. Abb. Broschiert.
ISBN 3-407-36344-3

Feedback ist eine gute Übung
eigenes und fremdes Erleben und
Verhalten sensibel aufeinander ab-
zustimmen. Jörg Fengler erläutert
anhand von 15 Strategien mit vielen Übungen, wie Feedback zielgerichtet eingesetzt, optimal trainiert
und erfolgreich realisiert werden
kann.
Verstimmung, Missmut, Schwei-
gen: oft geraten Partner, Gruppen
oder Teams in Sackgassen, aus
denen sie nicht mehr mit eigenen
Mitteln herausfinden. In diesen
Fällen ist das Feedback-Geben eine
große Hilfe: Beobachtungen werden
mitgeteilt, die eigene Befindlichkeit
angesprochen und eine gemeinsame Realitätsdefinition versucht.
Jörg Fengler macht deutlich, wie
Feedback oft zu einem überraschen-
den Perspektivenwechsel verhilft
und neue Handlungsimpulse auslöst. Ergebnis: Die Partner, Gruppen
oder Teams arbeiten wieder miteinander und finden Wege aus der
festgefahrenen Situation.

Aus dem Inhalt:
Das Feedback-Konzept; Strategien
des Feedback-Austauschs; Seminar-
Feedback; Selbst-Feedback.

Beltz Verlag · Postfach 100154 · 69441 Weinheim

B0334

W BELTZ WEITERBILDUNG

Bernd Weidenmann
**Erfolgreiche Kurse und
Seminare**
Professionelles Lernen mit
Erwachsenen
224 Seiten. Pappband.
ISBN 3-407-36346-6

Erwachsene Lerner sind anspruchs-
voll. Sie wünschen sich lebendige,
effektive, praxisnahe Kurse und
Seminare. So werden Kurs- und
Seminarleiter in der Erwachsenenbildung heute mehr denn je
gefordert.
Der renommierte Lernpsychologe
und erfahrene Trainer Bernd
Weidenmann stellt vor, worauf es
ankommt.

»Ein Buch, das auf dem Schreib-
tisch eines jeden Trainers und
Seminarleiters seinen festen Platz
haben sollte.«
Dr. M. Madel, Seminarführer

»Ein Buch, das schnörkellos und
ohne falsche Eitelkeit erklärt, was
des Trainers täglich Brot ist.«
wirtschaft & weiterbildung

Aus dem Inhalt:
Die Lernarbeit: Situationen und Per-
sonen; Die wichtigsten Methoden;
Die wichtigsten Medien; Den
Prozeß gestalten: Symbole, Spiele,
Krisen.

Christoph Gerbig /
Irene Gerbig-Calcagni
**Moderne Didaktik für
EDV-Schulungen**
Ein praxisorientiertes Handbuch für
Trainer, Ausbilder, Lehrkräfte und
Qualifizierungsverantwortliche.
141 Seiten. Zahlr. Abb. Pappband.
ISBN 3-407-36348-6

Effizientes Arbeiten mit einer neuen
Software setzt eine gute Schulung
voraus. Dieses Buch liefert EDV-
Trainern das nötige Basis-Wissen:
Methoden, Wege, Verfahrenswei-
sen, die sich unabhängig von der je-
weiligen Software bewährt haben.
Bauklötze auf dem Computer?
Puzzle-legen im Seminarraum? Mit
Software-Bausteinen ein Netzwerk
legen? – Diese und viele andere
überraschende Möglichkeiten
stellen die Autoren vor, um EDV-
Schulungen optimal zu gestalten.
Sie gehen auf die Rahmenbedingun-
gen ein, besprechen Kursaufbau,
Lern- bzw. Lehrmethoden sowie
Fehlermanagement. Zudem wird
der Umgang mit Störungen und
Konflikten ausführlich an zahlreichen Beispielen illustriert.

Aus dem Inhalt:
Kursarchitektur; Informationsauf-
nahmephasen; Aktive Verarbei-
tungsphasen; Lernatmosphäre.

Karlheinz A. Geißler
Lernprozesse steuern
Übergänge: Zwischen Willkommen
und Abschied.
215 Seiten. Zahlr. Abb. Broschiert.
ISBN 3-407-36320-6

Wie kann man gut und erfolgreich
den Lernalltag meistern? Diese
Frage stellen sich in zunehmendem
Maße Trainerinnen, Dozenten,
Referentinnen und Seminarleiter,
denn das Führen von Arbeits- und
Lerngruppen ist komplexer geworden. Die Akzeptanz von Führung
muß heute durch anspruchsvolle
Gestaltungs- und Steuerungsarbeit
erreicht werden.
Dieses Buch zeigt, wie man diesen
Ansprüchen gerecht werden kann.
Mit zahlreichen Beispielen aus der
Praxis werden Methoden, Verfahren und Empfehlungen angeboten,
die helfen, sich in der Komplexität
der sozialen Prozesse des Lehrens
und Lernens zurechtzufinden.
Dies gilt insbesondere für die Übergänge, die zwischen dem Anfangen
und dem Aufhören liegen.

Aus dem Inhalt:
Lehr-/Lernprozesse steuern und
gestalten; Schwierige Situationen;
Übergänge; Die Gruppe und ihre
Dynamik.

Martin Hartmann / Michael Rieger /
Brigitte Pajonk
Zielgerichtet moderieren
Ein Handbuch für Führungskräfte,
Berater und Trainer.
156 Seiten. Zahlr. Abb. Pappband.
ISBN 3-407-36334-6

In vielen Unternehmen und Organisationen spricht es sich herum:
gut moderierte Gruppen sind einfach effizienter. Die Zusammenarbeit verläuft zufriedenstellender,
die Ergebnisse erfüllen höchste
Ansprüche und werden von allen
Gruppenmitgliedern getragen.
Und die Chance, dass derartige
Ergebnisse in der Praxis auch wirklich zur Anwendung gelangen,
steigt enorm.

»Dieses Buch ist ein idealer Leit-
faden für Moderationen.«
conferencing

»Fazit: Ein überzeugendes Buch,
das Schritt für Schritt den Weg in
moderierte Besprechungen zeigt.«
TRAINING aktuell

Aus dem Inhalt:
Was bedeutet Moderation? Die
Stärken der Methode; Wie wird
eine zielgerichtete Moderation
vorbereitet? Wie sieht der Ablauf
einer moderierten Sitzung aus?
Umfangreiche Checklisten für die
Praxis.

Beltz Verlag · Postfach 100154 · 69441 Weinheim